ITALIAN TE
General Editor: KATHL

NOVELLE DEL NOVECENTO

NOVELLE
DEI
NOVECENTO

an anthology

EDITED
WITH INTRODUCTION
NOTES AND VOCABULARY

by

BRIAN MOLONEY

M.A., Ph.D.(Cambridge)
Department of Italian in the
University of Leeds

MANCHESTER UNIVERSITY PRESS

© 1966, Manchester University Press
Published by
Manchester University Press
THE UNIVERSITY PRESS
Oxford Road, Manchester M13 9PL

First published, 1966
Reprinted, with minor corrections, 1968
Reprinted, 1971, 1975, 1978

ISBN 0 7190 0200 1

Printed in Great Britain
By Unwin Brothers Limited
The Gresham Press, Old Woking, Surrey.
A member of the Staples Printing Group.

CONTENTS

PREFACE

THE aim of this anthology is to provide interesting reading material of high quality for sixth form and university students of Italian and also for the general reader. The authors here represented were born after 1900, so their language and subject-matter are reasonably contemporary; at the same time only those with well-established reputations in Italy have been included. The choice is not, therefore, daringly *avant-garde*, but the student should find it a useful introduction to modern fiction, provided he remembers that some important narrative writers, such as Pratolini, are not at their best in the short story form and are therefore not represented in this collection, while others, such as Silone, have not written short stories at all.

Selection has been governed by a number of factors. Not only are the authors established, but so are the stories, which have all been published *in volume* and not in an ephemeral review. An attempt has been made to provide variety of tone, from the comic to the tragic, and all the stories are reasonably short. The beginner in Italian can start to read modern fiction at a comparatively early stage, but might be rather daunted by a *racconto lungo* of eighty to one hundred pages – a form which is very much in vogue at the moment – or a novel of several hundred pages. The short story is the obvious form with which to begin. One or two stories have been selected because of the relative simplicity of their style and vocabulary, but not too many concessions of this kind have been made to the beginner, who perhaps ought to try first the stories by Ginzburg, Palumbo and Calvino.

The notes deal with difficult points of language and style, as well as explaining literary, historical and topographical allusions and listing suggestions for further reading. The vocabulary omits many of the commoner words found in practically all the standard Italian teaching grammars used in this country. For their meanings, which are given as the context requires, the

Cambridge Italian Dictionary (Vol. 1, Italian–English, Cambridge University Press, 1962), has been used wherever possible.

My grateful thanks are due to Dr. Kathleen Speight for help, encouragement and advice, to my colleague, Dr. M. Cerutti, for reading the notes and helping to elucidate difficult points in both notes and vocabulary, to Professor M. F. M. Meiklejohn for topographical information on Sardinia, to Dr. E. Costa of the Italian Institute for biographical and bibliographical information, to Dr. Antonietta Bell and to my students, who have commented freely on many of the stories in the anthology, and to Miss Z. Dubovsky, who typed the manuscript.

BRIAN MOLONEY

University of Leeds, 1965

ACKNOWLEDGEMENTS

GRATEFUL acknowledgement is due to the following for permission to reproduce stories from copyright works: Casa Editrice Bompiani (V. Brancati, *La doccia*, from *Il vecchio con gli stivali e i racconti*, *Opere*, vol. III, 1958): Editori Riuniti (A. Moravia, *Seduta Spiritica*; N. Palumbo, *La mia università*; P. P. Pasolini, *Biciclettone*, from *Racconti Nuovi*, 1960): Giulio Einaudi editore (I. Calvino, *Funghi in città*, from *Racconti*, 1959; N. Ginzburg, *La madre*, from *Valentino*, 1957; G. Bassani, *In esilio*, from *Le storie ferraresi*, 1960; C. Cassola, *I poveri*, from *La visita*, 1962; L. Daví, *Cani senza padrone* from *Gymkhana-cross*, 1957; C. Pavese, *La città*, from *Racconti*, 1960): Casa Editrice Mondadori (D. Buzzati, *Appuntamento con Einstein*, from *Sessanta racconti*, 1958; L. Santucci, *Le visioni di Fra Gelsomino*, from *Lo zio prete*, 1951; M. Soldati, *Il campione*, from *Racconti: 1927–1947*, 1961, E. Vittorini, *Sola in casa*, from *Piccola borghesia*, 1953); Sodalizio del libro, Venice (G. Cassieri, *L'ora del giovedì*, from *La siesta*, 1959): Casa Editrice Licinio Cappelli (G. Dessí, *La ballerina di carta*, from the volume of the same name).

INTRODUCTION

STORYTELLING must be one of mankind's oldest pastimes and the short story has been cultivated as a literary form in Italy since before Boccaccio's day. In modern Italy, however, it is closely connected with the novel, and so any attempt to set this anthology against a background, to help the reader orientate himself, must resolve itself into an account of modern Italian fiction in both forms. Some of the authors represented here, in fact, are better known as novelists, and at first sight their short stories may not appear to be representative of their work as a whole. Greater familiarity with their work, however, will sometimes show this first impression to be wrong: Moravia's *Seduta spiritica* is a satire on middle-class gullibility, Pavese's *La città* a study of the effect of town life on a student from the country, and the corruption of the bourgeoisie is a theme which recurs as often in Moravia's work as that of the city does in Pavese's.

As far as many reasonably well-read people in this country are concerned, to talk of modern Italian fiction is to call to mind an art based on neo-realism, an art which sets out to depict objectively and to depict, as often as not, the sordid, the brutal and the violent. The presence on almost every railway station bookstall, James Bond to the right of them, D. H. Lawrence to the left of them, of translations of two novels by Moravia, *La Romana* and *La Ciociara*, and the popularity of films like *Bicycle Thieves*, *Umberto D.*, and so on, up to *Rocco and his Brothers*, and *La Dolce Vita*, confirm the picture. In view of this, it is worth making four points right away. In the first place, Italy has no one dominating cultural centre; Rome is not to Italy as London to England or Paris to France, and Italian writers do not easily group themselves into literary coteries or schools. Nor are they much given to theorizing about their work. The second point is that neo-realism of this kind (neo since it was at first thought to be a return to nineteenth-century naturalism) is by no means typical, as far as the novel is concerned, of what has been produced in Italy in the last twenty years, and *La Ciociara*, with its deep sense of compassion for the suffering, is not even typical of the usually ironical detachment of Moravia himself. The third point is that neo-realism itself did represent a complete break with the main tradition of Italian literature, which, until the first half of the nineteenth century, with some anachronistic flashes in the second half (Carducci and D'Annunzio), was predominantly aulic and aristocratic. The fourth point, possibly a consequence of the third, is that, whereas the short story has been cultivated for several hundred years, the novel is a comparatively new genre in Italy; the nineteenth century produced less than half a dozen major novels, the seventeenth and eighteenth none at all. In the last century, and indeed for much of this, the reading public preferred to import its novels from abroad, in translation. This might partly explain the tremendous popularity of Giuseppe Tomasi di Lampedusa's *Il Gattopardo* (1958), which is a beautifully constructed and elegantly written historical novel in the aristocratic manner, quite unique in Italian literature. It might explain, too, the apparent conservatism of some short story writers; Dessí, for example, is in fact writing in a well-established Italian tradition and is strongly influenced by Pirandello. Only recently has there been a large enough literate public to support a flourishing fiction industry.

Many writers prefer the *racconto lungo*, or long short story, depicting briefly, but with evocative overtones, as in Hemingway's *The Old Man and the Sea*, one character, one problem or one aspect of reality, rather than a complex novel dealing with a whole 'slice of life'. There has, too, been comparatively little technical experiment recently in Italy, and one novelist, Prisco, when asked why the French experimental novelists had found so few imitators in Italy, replied simply that the Italians were not yet ready for it. The answer may be fatuous but it is symptomatic of a lack of confidence, of critical awareness on the part of the novelists themselves, and an inability to tell which way the novel is moving. This inability seems to be shared by the critics, who month by month attempt in the literary reviews to feel the novel's pulse and take its temperature. Their diagnoses differ, but on one thing they all appear to agree: the modern novel derives ultimately from Giovanni Verga. To Verga, one would also add Italo Svevo, whose preoccupation with ineffectual introspectives had a decisive influence on Moravia, and also the literature of the *ventennio nero*, the so-called 'black twenty years' of the Fascist period.

Verga's achievement was to write of Sicilian peasants in a manner which allowed their suffering to speak for itself; Svevo's to focus attention on men coming to grips with reality. Verga is associated with the school of *verismo*, and the *veristi* turned primarily to the study of their native provinces. This tendency still persists – Vittorini wrote about Sicily, Pavese about Turin and Le Langhe, Pratolini writes about Florence, Bassani about Ferrara, Pasolini about Rome, and even the novels of Moravia, in many ways the most cosmopolitan of Italians, are as Roman as *La Dolce Vita*. At its worst, this becomes provincial in the pejorative sense, or merely quaint; at its best, as in Pratolini's *Cronache di Poveri Amanti* (1947), or Moravia's *La Ciociara* (1957), the local setting is not a mere device but a natural expression of the writer's involvement in the affairs of his fellow men, a concern with specific issues rather than with abstract ideas or an esoteric private vision, so that a novel like Jovine's *Le Terre del Sacramento* (1950) burns with an anger against injustice and compassion for suffering which are all the more moving for being implicit.

Such 'committed' novels would clearly have been difficult to write under Fascism. D'Annunzio, at the turn of the century, continued the aulic tradition in a debased form, and from him derived much windy rhetoric. With the establishment of a totalitarian state, poetry retreated into hermeticism and prose into the cult of *prosa d'arte*, lyrical, fragmentary, autobiographical in tone. But clearly no generalizations are valid of the whole Fascist period, which does not fall into one indivisible unity. One cannot talk of Italian literature as

sweepingly as H. Enzensberger did of German literature in the
Nazi period in *Encounter* (September 1963). In *Poetry's lost
language*, he wrote that 'German literature of more than
parochial significance existed only outside the frontiers of
Germany: among the émigrés'. The presence of Pirandello and
Moravia show how different the situation in Italy was. Nor
were words in Italian so tainted by propaganda associations as
to become unusable. What happened, rather, was that prose
became precious and empty, and particularly after the nazi-
fication of Italy, from 1936 onwards, the cultural climate
became oppressive, and Silone was forced to write in exile.
Fontamara (1933), *Pane e Vino* (1937) were unknown in Italy
until after the war, but *Una Manciata di More* (1952) was first
published in Italy and Silone is slowly coming into favour. In
many ways Silone anticipated developments of the post-war
novel – his anti-fascism, his disillusionment with communism,
his unrhetorical style – and it is surprising to find that a recent
survey of contemporary authors, 1700 pages long, has no
reference to him at all.

But while Silone was writing abroad, two important things
were happening in Italy. Firstly, Moravia began his career with
Gli Indifferenti (1929), and secondly, many American novelists
were translated into Italian. With mediocrity now the Italian
norm, both Moravia and the Americans came as a breath
of fresh air and provided both form and content of the
post-war novel. It is difficult now to appreciate Moravia's
originality. Instead of an often sentimental lyrical prose,
Moravia offered a style stripped bare of all rhetoric, a manner
which was clinically impersonal, a narrative which avoided all
irrelevant episodes and bravura descriptions and concentrated
in a way which showed that Moravia, almost alone of his
generation, had learned from Svevo. These characters, recog-
nizably real, were drawn from the middle classes which had
taken Mussolini to power, and Moravia's theme is their
alienation from the family and society of which they are part,
and from themselves. Alongside this theme, he introduces that
of sexual initiation, painful and disillusioning, which is to recur

regularly in his later work and is most delicately handled in
Agostino (1944) and *La Disubbidienza* (1948). *Gli Indifferenti*
was neo-realistic only in appearance. The narrative is concentrated, covering only two days in the life of the Ardengo
family; the impression conveyed is one of completeness, that
all that can be said has, in fact, been said, and one realizes with
some surprise that the basic documentation which a nineteenth-
century realist would have provided is completely missing. In
Moravia's opinion the cinema does that sort of thing much
better, and his technique is impressionistic and dramatic – when
the novel was adapted for the stage, very few changes had to be
made – and the characters take on something of the value of
a symbol. The same is true of many of his short stories. Not
until *Agostino* did Moravia write anything comparable, but
with *La Disubbidienza* a new tendency became apparent in his
work. This short novel is more intellectualistic, more rational
in manner, and marks a step on the road to the essay-novel, the
romanzo-saggio which is *La Noia* (1960), in which one character, Cecilia, has a purely symbolic value and the first-person
narrator talks as if expounding a thesis. Between these two
came the novels by which Moravia is best known in this
country, *La Romana* and *La Ciociara*. Both are popular novels,
since Moravia's commercial instincts are too well developed
to allow him to publish a novel which would not sell, but both
are artistic failures. The first person technique, which he had
been led to adopt by his preoccupation with the problem of
man's relationship with external reality, and his now orderly,
rational manner, are not well suited for a prostitute and a
peasant woman respectively, and apart from his short stories,
these novels constitute Moravia's only venture into the world
of the proletariat, a venture prompted both by his theoretical
marxism and by his wartime experience of being hidden from
the Germans by peasants.

English reviews of *La Noia* were odd, since they seemed to
see in it nothing but a re-hash of Proust. It is true that Moravia
has been influenced by Proust – or rather by what he thinks
Proust is like, which is not the same thing – but he has

succeeded in remaining remarkably consistent in the way he has developed. The strongest single influence on Moravia was in fact exercised by Italo Svevo, especially the Svevo of *Una Vita* and *Senilità*. And if one looks at Moravia's contemporaries, one realizes in their case, too, Proust is not the dominating influence. This brings us to the second important feature of contemporary Italian narrative, namely, the influence of the Americans. During the Fascist period, a good deal of translating was done. Poetry was already based on the symbol: now it was discovered that the novel could also carry a symbolic meaning, not only in the more obviously symbolic novels of Melville or Faulkner but even in the apparently more casual and realistic works of Hemingway. Translation, among the intellectuals, was therefore both a salutary literary exercise and, because of the more liberal ideas the translations introduced, a form of anti-fascist protest, and it is not surprising to find that two of the major post-war novelists, who had both been translators, were strongly influenced by what they had read and translated, and were strongly anti-fascist – opposed, in fact, to all forms of injustice. These two were Elio Vittorini and Cesare Pavese, both of whom began to make their mark shortly before the collapse of the Fascist régime. Vittorini's *Conversazione in Sicilia* and Pavese's *Paesi Tuoi* were both published in 1941. In spite of what they have in common, however, they and their respective followers could never be said to form a 'school'.

Conversazione in Sicilia was Vittorini's first important novel and is in many ways his best. The subject is a young man's return to his native village in Sicily after an absence of fifteen years, described in a series of conversations with fellow-travellers, his mother, various villagers, and even the ghost of his dead brother. The novel moves between reality and fantasy, between humour and tragic lament for *il dolore del mondo offeso*, 'the pain of the offended world', in a way which is both disturbing and moving. None of his later novels reach the same height, although *Uomini e no* (1945) is partially successful. This novel uses much the same techniques, but with more realism,

INTRODUCTION xvii

more 'toughness' of manner, yet it is much less effective,
partly because it is written from a much more partisan point
of view; obviously intended to be *the* novel of the Italian resistance, it fails because it reads too much like political propaganda. The partisans are all heroes, peace-loving but forced to
fight; the Germans and their Italian hirelings, sadists and
time-servers respectively, while resistance is reduced to the
level of a blood sport. The hero is Enne Due, whose anonymity
is intended to make him a kind of prototype partisan, a kind of
Everyman. In fact, only in those episodes in which he emerges
as different from his comrades does he fully engage our attention. (The same is true of a number of recent novels: E. Olmi's
Il Posto is the story of *any* clerk, P. P. Pasolini's *Accatone* that
of *any* pimp, N. Palumbo's *Impiegato d'imposte* that of *any*
gullible tax official.)

Pavese (1908–50) has much in common with Vittorini. Both
use an anti-rhetorical, apparently casual style, and where
Vittorini creates symbols, Pavese uses recurrent themes –
childhood, the return to one's native village, sex, the land, the
opposition of town and country, banal in themselves, but used
originally – to create myths. But whereas Vittorini's heroes are
heroic and also experience a feeling of solidarity with men of
like mind, Pavese's heroes are essentially uncommitted out-
siders, and their vision of the world is bleak. Pavese is not a
realist in the usual sense; his style, based on dialectal syntax
and containing some dialectal elements, is lyrical and sub-
jective. He conducts psychological analysis by means of brief
annotations which are fused into an otherwise matter-of-fact
account of facts and events. ('Narrare, non analizzare', he himself protested.) His novels are mostly short, and the chief danger
confronting him is that of finding the right balance between
realistic form and thematic content without degenerating into
mannerism, a balance achieved most successfully in the three
short novels in *La Bella Estate* (1949) and *La Luna e i Falò*
(1950).

The danger of mannerism also confronts Vasco Pratolini, who
is more of a neo-realist than an 'American'. Unlike *Conver-*

sazione in Sicilia and *Paesi Tuoi*, his early work passed almost unnoticed and is still little read, but *Cronache di Poveri Amanti* (1947), *Metello* (1955) and *Lo Scialo* (1960) (the last two being the first and second sections of a trilogy called *Una Storia Italiana*, to cover the years from 1890 to the present) are important novels. Pratolini is a chronicler of Italian society, interested in the group rather than the individual, achieving his effects by combining a broad vision with the accumulation of telling details, and a chronicler with marxist leanings. Not that these obtrude unnecessarily. *Cronache di Poveri Amanti* is set in the early years of Fascist rule, and the division of the politically conscious characters into pro-fascists and anti-fascists (and therefore socialists) is a natural one, while in the later novels the accusation of corruption and injustice is not made against the bourgeoisie alone but against a whole society.

Most of the novelists discussed so far lean politically to the left, and their situation was described as long ago as 1937 by Silone in *Pane e Vino* (revised in 1955 as *Vino e Pane*), the novel which describes his disillusionment with marxism and the failure of middle-class intellectuals to communicate their ideals to the workers.

He remembered his first entry into a socialist group. He abandoned the Church not because he had changed his mind about the validity of its dogmas and the efficacy of the sacraments, but because it seemed to him to be identified with the corrupt, mean and cruel society which it ought, rather, to have fought.

One of the possible reasons for Silone's comparative unpopularity in Italy, apart from the fact that he first published abroad, is that he was too honest too soon, expressing disillusionment with the left when most were still expressing faith in it. For most intellectuals, as for millions of voters, the left is still the only means of protesting against the present combination of indifference, incompetence and corruption in public life. It is identification with the society in which they live which drives writers to the left, just as it drives them to their own form of regionalism. It is here that we can talk of experiment in the Italian novel, an experiment in involvement with contemporary life, but it is an experiment peculiar to post-fascist Italy and concerns content rather than form. It is worth remembering, too, that most of these left-wing writers came in fact from middle-class backgrounds – Daví is almost unique in being a working-class writer – so that often they are at their best in attacking the middle and upper classes – Cassola's *I poveri* is a case in point – rather than when depicting the proletariat. Daví himself is an interesting representative of the new *letteratura industriale*, which takes its themes and setting from the industrial society of the 'economic miracle'.

Writers such as these aim at general acceptance throughout Italy, and they have therefore experimented, to a certain extent, with language. The aim of the *bello stile* has been abandoned, as has that of writing in Tuscan, and one of the most important facts governing modern Italian writing is the emergence, as a result of the influence of radio, television, the cinema and the newspapers, of Italian as the national language. This means, of course, that the language is in a state of flux: someone uses a dialect word on television, and it becomes part of the national vocabulary. True, some novelists use dialect: Pasolini's Roman characters speak in their own dialect, although the narrator does not, and C. E. Gadda's *Quer Pasticciaccio de Via Merulana* (1957) used three dialects (Venetian, Neapolitan, Roman), all essential to the meaning of the story. The importance of dialect literature has been greatly exaggerated, however: even De Filippo's so-called dialect plays are written in a literary version of Neapolitan deliberately made comprehensible to a wider public than that which could understand the genuine dialect, and in general the trend has been away from dialect towards a more generally acceptable language. A case in point is that of Giorgio Bassani, one of the finest novelists of recent years, author of *Gli Occhiali d'Oro* (1957) and *Il Giardino dei Finzi-Contini* (1962). His preoccupation is with the Jewish community in Ferrara, especially during the Fascist period, a past which is evoked rather than described. Bassani's world is that of Ferrara, with its complicated interplay of Jew–Gentile relationships, war and its aftermath, with Auschwitz in the background. His writing has an undeniably regional flavour, but in Bassani, as in a number of younger writers, such as Cassieri, the region is a much wider one than the province. Even so, successive revisions of their work show clearly that they are deliberately trying to eliminate this regionalism. This tendency is deplored by those whose interest in Italian literature is that of the collector of quaint items of folk-lore, but it seems to be on these lines that the Italian novel is establishing its own tradition.

APPUNTAMENTO CON EINSTEIN[1]

by

Dino Buzzati

IN un tardo pomeriggio dell'ottobre scorso, Alberto Einstein, dopo una giornata di lavoro, passeggiava per i viali di Princeton, e quel giorno era solo, quando gli capitò una cosa straordinaria. A un tratto, e senza nessuna speciale ragione, il pensiero correndo qua e là come un cane liberato dal guinzaglio, egli concepí quello che per l'intera vita aveva sperato inutilmente. D'un subito Einstein vide intorno a sé lo spazio cosiddetto curvo,[2] e lo poteva rimirare per diritto e per rovescio, come voi questo volume.

Dicono di solito che la nostra mente non riuscirà mai a concepire la curvatura dello spazio, lunghezza larghezza spessore e in piú una quarta dimensione misteriosa di cui l'esistenza è dimostrata ma è proibita al genere umano; come una muraglia che ci chiude e l'uomo, dirittamente volando a cavallo della sua mente mai sazia, sale, sale e ci sbatte contro. Né Pitagora né Platone né Dante,[3] se oggi fossero ancora al mondo, neppure loro riuscirebbero a passare, la verità essendo piú grande di noi.

Altri invece dicono che sia possibile,[4] dopo anni e anni di applicazione, con uno sforzo gigantesco del cervello. Qualche scienziato solitario – mentre intorno il mondo smaniava, mentre fumavano i treni e gli alti forni, o milioni crepavano in guerra o nel crepuscolo dei parchi cittadini gli innamorati si baciavano la bocca – qualche scienziato, con eroica prestazione mentale, tale almeno è la leggenda, arrivò a scorgere (magari per pochi istanti solo, come se si fosse sporto sopra un abisso e poi subito lo avessero tirato indietro) a vedere e contemplare lo spazio curvo, sublimità ineffabile della creazione.

Ma il fenomeno avveniva nel silenzio e non ci furono feste al

temerario. Non fanfare, interviste, medaglie di benemerenza
perché era un trionfo assolutamente personale e lui poteva dire:
ho concepito lo spazio curvo, però non aveva documenti, fotografie o altro per dimostrare che era vero.

Quando però questi momenti arrivano e quasi da una sottile
feritoia il pensiero con una suprema rincorsa passa di là, nel-
l'universo a noi proibito, e ciò che prima era formula inerte,
nata e cresciuta al di fuori di noi, diventa la nostra stessa vita;
oh, allora di colpo si sciolgono i nostri tridimensionali affanni
e ci si sente – potenza dell'uomo! – immersi e sospesi in qualche
cosa di molto simile all'eterno.

Tutto questo ebbe il professor Alberto Einstein, in una sera
di ottobre bellissima, mentre il cielo pareva di cristallo, qua e
là cominciavano a risplendere, gareggiando col pianeta Venere,
i globi dell'illuminazione elettrica, e il cuore, questo strano
muscolo, godeva della benevolenza di Dio! E benché egli fosse
un uomo saggio, che non si preoccupava della gloria, tuttavia in
quei momenti si considerò fuori del gregge come un miserabile
tra i miserabili che si accorge di avere le tasche piene d'oro. Il
sentimento dell'orgoglio si impadroní quindi di lui.

Ma proprio allora, quasi a punizione, con la stessa rapidità
con cui era venuta, quella misteriosa verità disparve. Contemporaneamente Einstein si accorse di trovarsi in un posto mai
prima veduto. Egli camminava cioè in un lungo viale costeggiato tutto da siepi, senza case né ville né baracche. C'era soltanto una colonnetta di benzina a strisce gialle e nere, sor-
montata dalla testa di vetro accesa. E vicino, su un panchetto
di legno, un negro in attesa dei clienti. Costui portava un
paio di calzoni-grembiule e in testa un berretto rosso da base-
ball.

Einstein lo aveva appena sorpassato, che il negro si alzò, fece
alcuni passi verso di lui e: — Signore! — disse. Cosí in piedi,
risultava altissimo, piú bello che brutto, di fattezze africane,
formidabile; e nella vastità azzurra del vespero il suo sorriso
bianco risplendeva.

— Signore — disse il negro — avete fuoco?[5] — e mostrava
un mozzicone di sigaretta.

— Non fumo — rispose Einstein fermatosi piú che altro per la meraviglia.

Il negro allora: — E non mi pagate da bere? —. Era alto, giovane, selvaggio.

Einstein cercò invano nelle tasche: — Non so... con me non ho niente... non ho l'abitudine... spiacente proprio —. E fece per andare.

— Grazie lo stesso — disse il negro — ma... scusate... —

— Che cosa vuoi ancora? — fece Einstein.

— Ho bisogno di voi. Sono qui apposta.—

— Bisogno di me? — Ma che cosa...? —

Il negro disse: — Ho bisogno di voi per una cosa segreta. E non la dirò che nell'orecchio —. I suoi denti biancheggiavano piú che mai perché intanto si era fatto buio. Poi si chinò all'orecchio dell'altro: — Sono il diavolo Iblís — mormorò — sono l'Angelo della Morte e devo prendere la tua anima. —

Einstein arretrò di un passo. — Ho l'impressione — la voce si era fatta dura — ho l'impressione che tu abbia bevuto troppo.—

— Sono l'Angelo della Morte — ripeté il negro. — Guarda.—

Si avvicinò alla siepe, ne strappò un ramo e in pochi istanti le foglie cambiarono colore, si accartocciarono, poi divennero grigie. Il negro ci soffiò sopra. E tutto, foglie, rametti e gambo volò via in una polvere minuta.

Einstein chinò il capo: — Accidenti. Ci siamo allora...[6] Ma proprio qui, stasera... sulla strada? —.

— Questo è l'incarico che ho avuto.—

Einstein si guardò intorno, ma non c'era anima viva. Il viale, i lampioni accesi e laggiú in fondo, all'incrocio, luci di automobili. Guardò anche il cielo; il quale era limpido, con tutte le sue stelle a posto. Venere proprio allora tramontava.

Einstein disse: — Senti, dammi tempo un mese. Proprio adesso sei venuto che sto per terminare un mio lavoro.[7] Non ti chiedo che un mese —.

— Ciò che tu vuoi scoprire — fece il negro — lo saprai subito di là, basta che tu mi segua.—

— Non è lo stesso. Che conta ciò che sapremo di là senza fatica? È un lavoro di notevole interesse, il mio. Ci fatico[8] da trent'anni. E ormai mi manca poco...—

Il negro sogghignò: — Un mese, hai detto?... Ma fra un mese non cercare di nasconderti. Anche se ti trasferissi nella miniera piú profonda, là io ti saprò subito trovare —.

Einstein voleva ancora fargli una domanda, ma l'altro si era dileguato.

Un mese è lungo se si aspetta la persona amata, è molto breve se chi deve giungere è il messaggero della morte; piú corto di un respiro. Passò l'intero mese e di sera, riuscito a restar solo, Einstein si portò sul luogo convenuto. C'era la colonnetta di benzina e c'era la panca con il negro, solo che adesso sopra la tuta aveva un vecchio cappotto militare: faceva freddo, infatti.

— Sono qui — disse Einstein, toccandogli una spalla con la mano.

— E quel lavoro? Terminato? —

— Non è finito — disse lo scienziato mestamente. — Lasciami ancora un mese! Mi basta, giuro. Stavolta sono sicuro di riuscire. Credimi: ci ho dato dentro[9] giorno e notte ma non ho fatto in tempo. Però mi manca poco.—

Il negro, senza voltarsi, alzò le spalle: — Tutti uguali voi uomini. Non siete mai contenti. Vi inginocchiate per avere una proroga. E poi c'è sempre qualche pretesto buono...—.

— Ma è una cosa difficile, quella a cui lavoro. Mai nessuno ...—

— Oh, conosco, conosco — fece l'Angelo della Morte. — Stai cercando la chiave dell'universo, vero? —

Tacquero. C'era nebbia, notte già da inverno, disagio, voglia di restare in casa.

— E allora? — chiese Einstein.

— Allora va... Ma un mese passa presto.—

Passò sveltissimo. Mai quattro settimane furono divorate con tanta avidità dal tempo. E soffiò un vento gelido quella sera di dicembre, facendo scricchiolare sull'asfalto le ultime raminghe foglie: all'aria tremolava, di sotto al basco, la bianca criniera del sapiente. C'era sempre la colonnetta di benzina, e

accanto c'era il negro con un passamontagna in testa, accoccolato come se dormisse.

Einstein gli si fece vicino, timidamente gli toccò una spalla.
— Eccomi qui.—

Il negro si stringeva nel cappotto, batteva i denti per il
freddo.

— Sei tu? — — Sí, sono io.— — Finito, allora? — — Sí
grazie a Dio, ho finito.— — Terminato il grande match? Hai
trovato quello che cercavi? Hai schiodato l'universo? —

Einstein tossicchiò: — Sí — disse scherzosamente — in
certo modo l'universo adesso è in ordine —.

— Allora vieni? Sei ben disposto al viaggio? —

— Eh, certo. Questo era nei patti.—

D'un botto il negro balzò in piedi e fece una risata classica da
negro. Poi diede, con l'indice teso della destra, un colpo sullo
stomaco di Einstein, che quasi perse l'equilibrio.

— Va, va, vecchia canaglia... Torna a casa e corri, se non vuoi
prenderti una congestione polmonare... Di te, per ora, non me
ne importa niente.—

— Mi lasci?... E allora, perché tutte quelle storie? —

— Importava che tu finissi il tuo lavoro.[10] Nient'altro. E ci
sono riuscito... Dio sa, se non ti mettevo quella paura addosso,
quanto l'avresti tirata ancora in lungo.—

— Il mio lavoro? E che te ne importava? —

Il negro rise: — A me niente... Ma sono i capi, laggiú, i
demoni grossi. Dicono che già le tue prime scoperte gli erano
state di estrema utilità... Tu non ne hai colpa, ma è cosí. Ti
piaccia o no, caro professore, l'Inferno se ne è giovato molto...
Ora fa assegnamento sulle nuove... —.

— Sciocchezze! — disse irritato Einstein. — Che vuoi trovare al mondo di piú innocente? Piccole formulette sono, pure
astrazioni, inoffensive, disinteressate...—

— E bravo! — gridò Iblís, dandogli un altro botto con il
dito, nel mezzo dello stomaco. — E bravo! Cosí, mi avrebbero
spedito per niente? Si sarebbero sbagliati, secondo te?... No, no,
tu hai lavorato bene. I miei, laggiú, saranno soddisfatti... Oh se
tu sapessi! —

— Se io sapessi cosa? —

Ma l'altro era svanito. Né si vedeva piú la colonnetta di benzina. Neppure lo sgabello. Solo la notte, e il vento, e lontano, laggiú, un andirivieni di automobili. A Princeton, New Jersey.

2

IL CAMPIONE

by

MARIO SOLDATI

A ruota libera, rasentando i paracarri, rallentai. Posai il piede su un paracarro, mi fermai. Gli alti pioppi che fiancheggiavano la strada stormivano al vento; ma il sole del mezzodí scaldava: cominciavo a sudare. Mi tolsi dunque la maglia e la legai al manubrio. Quando, un ronzio un fruscío,[1] ratto alla mia sinistra passò un ciclista allontanandosi nella stessa direzione che seguivo io.

Sul collo e le braccia nude il vento fu, il primo momento, gelido. Ma, due colpi di pedale, e rieccomi scaldato. Libero dalla maglia, piú svelto e leggero, rieccomi lanciato a 35 all'ora[2] per riprendere e superare senz'altro il ciclista che mi aveva sorpassato. Fin da piccolo, quando vado in bicicletta, ho la presunzione di non farmi superare da nessun ciclista e di riprendere e lasciare tutti quelli che giungo a vedere. Non dirò di spuntarla sempre.[3] Ma sempre lotto fino all'ultimo, sempre m'impegno fino all'estremo delle mie forze. Questa volta, capii subito che l'impresa non era facile né sicura.

Avevo ripreso a pedalare da qualche momento, e il ciclista era sempre là, alla stessa distanza, cento metri avanti a me. Imprecai contro la mia bicicletta, una pesante macchina da viaggio, col carter e i freni interni,[4] mentre quella che mi precedeva era da corsa: lo vedevo dall'arco della schiena del ciclista. Imprecai, e abbassando la fronte sul manubrio, rizzandomi sui pedali, partii a tutta velocità.

Cominciai presto a guadagnare terreno. Presto fui a 70, a 60, a 50 metri; e cominciai a farmi un'idea del mio avversario. Maglia grigia, calzoni a quadretti bianchi e neri, capelli coperti di polvere. Filava senza scarti, quasi seguendo un'invisibile rotaia. Immobile il busto e le spalle, procedeva composto e ritmico, per la sola forza dei polpacci e delle cosce, come di bielle ben regolate. Un professionista, certo: un professionista in allenamento. E già pensavo i magici nomi,[5] già cercavo d'indovinare, nella curva della possente schiena, note fattezze: Martano? Piemontesi? Giacobbe?[6] Chi era?

Intanto m'alzavo e abbassavo sgraziatamente sui pedali, furioso dondolavo la testa e le spalle, di qua e di là, ad ogni colpo. Ero, senza dubbio, un esempio di pessimo stile. Tuttavia, riducevo il mio svantaggio: e questo era l'importante; perché volevo giungere a vedere, sia pure un solo istante, il viso del Campione.

Tre, quattro volate, e gli fui sotto, a pochi metri. Ma, prima che potessi portarmi al suo fianco, il Campione, avvertito forse dal rumore del mio carter, si voltò e, scrutatomi con una rapida occhiata, scattò[7] cosí fulmineo da riprendermi senz'altro una decina di metri di vantaggio.

Non vuole essere raggiunto, pensai. E tuttavia, non mi diedi per vinto. Tornai a rizzarmi sui pedali; pur senza molta fiducia, raccolsi le mie forze e partii come per vincere un traguardo.[8]

Con mia grande sorpresa,[9] riuscii a portarmi sotto al Campione dopo qualche pedalata. Di nuovo, come prima, egli si voltò: parve stupito di rivedermi a cosí breve distanza; e tornò a scattare. Ma, questa volta, mi prese appena due o tre metri. Anch'io tornai alla carica; presto gli fui a fianco; finalmente potei guardarlo in viso. Fu tanta la sorpresa, che per poco non cessai[10] di pedalare: un vecchio! I capelli non erano sporchi di polvere; ma canuti. Il viso lungo, ossuto, adusto, era ispido di una barba di qualche giorno, candida anch'essa come i capelli. Mi guardò torvo, e con un sorriso beffardo e sforzato delle labbra semiaperte, dissimulando l'affanno della corsa. Poi tornò a guardare la strada diritto davanti a sé e, proprio mentre stavo per superarlo, scattò, immobili il busto e le braccia, e tornò a prendere la testa.

Procedemmo cosí, lui davanti e io dietro, per alcuni chilometri. Tirava come un dannato. E io sudavo, ansavo. Avrei, ogni pedalata, giurato che, la pedalata successiva, non ce la facevo piú.[11] Tuttavia avevo, di pedalata in pedalata, la forza parziale di continuare, di rimandare alla pedalata successiva l'attimo della rassegnazione. E cosí, il cuore in gola, la bocca spalancata per lo sforzo, il sudore che attraverso la fronte mi scendeva ad appannare gli occhiali, resistei: finché, in un velo, vidi il vecchio rialzarsi sul manubrio, rallentare, lasciarmi passare avanti e attaccarsi subito alla mia ruota. Guardai innanzi e capii: in fondo, la strada accennava a salire; tra le cime dei pioppi s'intravvedevano i fumaioli di un'officina. A destra, in capo alla salita, era una brusca svolta e un ponte: di là dal fiume un grosso paese, Borgosesia.[12] La manovra del Campione era un tacito invito a prendere per traguardo il ponte all'ingresso del paese. Tacitamente assentii. Ma accelerai ancor piú l'andatura. Se ricorre all'astuzia, pensai, non deve poi essere cosí forte. Intravvista la possibilità della vittoria, ogni stanchezza per incanto mi aveva lasciato.

Subito all'inizio della salita mi rizzai deciso sui pedali, partii a fondo. Di qua e di là dalla strada, sulle soglie delle prime botteghe, la gente guardava esterrefatta la nostra gara. A metà salita, il vecchio tentò di passare. Due o tre volte si portò con la ruota anteriore fino all'altezza della mia pedaliera. Ma due e tre volte, abbandonandomi tutto sul manubrio, e sempre ritto sui pedali, con le reni che mi dolevano come se fossero lí lí per ischiantarsi,[13] la spuntai. Finché, ecco, vidi la svolta a un metro, vidi il ponte, la fine della salita, il convenuto traguardo. Con un ultimo balzo fui su, infilai il ponte a tutta velocità tra i due stretti parapetti di pietra, e mi ritrovai trafelato e felice a scendere balzelloni, ruota libera, sull'acciotolato del paese.

Il vecchio mi raggiunse allora: anch'egli rialzato sul manubrio. Grosse gocce di sudore gli rigavano il volto ossuto e restavano impigliate, qua e là nei corti peli bianchi della barba come brina su arbusti secchi. Mostrava sessant'anni, forse piú. Forse era Ganna, forse era Gerbi, Petiva, Gremo, Galetti o Canepari. Non so. Purtroppo non ricordavo i visi di quei grandi.

— Lei è un antico campione! — gli gridai mentre ancora ansavo per lo sforzo compiuto. — Inutile nasconderlo, un antico campione! —

Non rispose né sí né no. Mi guardò, sempre con quello stesso riso beffardo, come se il vincitore vero fosse lui e non io; e non disse nulla. Io non osavo chiedere il suo nome.

— Ora faccio la Cremosina[14] — aggiunsi, — piú di duecento metri di salita in nove chilometri. Io ho una macchina da viaggio. Accetta? —

Allargò la bocca a un riso ancora piú sarcastico e, sempre tacendo, poiché eravamo giunti alla grande piazza del paese, con un colpo improvviso di pedale la traversò in rapida curva, e scomparve in un vicolo lontano.

3

LA DOCCIA

by

Vitaliano Brancati

Nel 1935, pur[1] abitando nella povera e buia casa dello zio medico condotto,[2] Giuseppe Gandolfo poteva considerarsi uno dei cittadini meglio lavati di Catania. Prendeva la doccia ogni mattina, e perfino due volte al giorno, in piena camera da letto da un recipiente di fortuna,[3] allagando il pavimento del corridoio fino a spingere[4] un rigagnolo sotto la porta dello studio, un serpentello bruno alla cui vista il vecchio zio, seduto in camice bianco dietro lo scrittoio, borbottava: — E che diamine fa? Esagera! —.

Nel '40, Giuseppe Gandolfo si era trasferito in Toscana, ma nel '43 era tornato a precipizio, parte in carrobestiame parte a piedi, ed era corso difilato a rincantucciarsi nella camera da letto, come un asino che irrompa[5] nella vecchia stalla, sfuggendo alle bastonate del nuovo padrone.

Lo zio, indebolito dai cibi scarsi, rincasando a mezzogiorno, senza piú la bella vista e l'udito di una volta, quando rosicchiava lo zucchero dentro la palma della mano di nascosto la sera nelle traverse, scambiò il nipote per un ladro che si fosse nascosto nel letto, urlò, gli gettò addosso il bastone, poi lo riconobbe e pianse per parecchi minuti di felicità, infine gli disse: — Docce due volte al giorno, niente! Non è possibile! La portinaia non viene piú a far pulizia: è ricca, possiede un milione, ha rubato al secondo piano quando i padroni erano scappati in campagna! —.

— Non importa, caro zio, non importa! — mugolò Giuseppe.

— Non importa, fino a un certo punto! Tu devi fare la tua doccia, se non due volte al giorno, almeno tre volte la settimana.

Scaveremo un buco di scarico vicino al balcone; l'acqua potrà uscire di lí senza inconvenienti; la bottega di sotto è chiusa, il seggiolaio abita in un villino: è ricco, possiede un milione, ha rubato nella casa dirimpetto! —.

Il buco fu infatti scavato, ma l'acqua non andò mai a bagnarlo.

— Perché non fai la doccia? — diceva lo zio a Giuseppe.

— Ma forse hai ragione: in questa camera par di volare,[6] bisognerebbe riparare i vetri del balcone; ma dobbiamo farlo da noi, il vetraio non viene nemmeno a pregarlo a faccia per terra:[7] è ricco, possiede un milione, ha rubato nei magazzini del deposito. D'altro canto, il bel tempo è vicino! —.

Ma neanche al principio di aprile, quando il sole, dilatando i ferri della ringhiera, nel balcone, li faceva gemere piano piano, neanche alla fine di maggio, e in pieno giugno quando sfavillarono i gerani, Giuseppe Gandolfo prese la doccia. Egli restava a letto fino a mezzogiorno, coi capelli aggrovigliati sul cuscino e il naso nascosto: al di sopra delle lenzuola, roteavano solamente due occhi spauriti di coniglio, mentre, in talune ore del pomeriggio, affiorava sulle coperte, nel punto in cui queste aderivano allo stomaco, il battito del cuore.

Usciva poco, e in quel poco che stava fuori, finiva sempre coll'imbrancarsi in gruppi numerosi, perché ormai non aveva la forza né di recarsi a passeggiare fuori della città, né di mantenersi solo passeggiando per le vie frequentate; non aveva nemmeno la forza di rifiutare gl'inviti: cosí fu costretto a partecipare finanche a ricevimenti mondani. Qui si comportava nel modo piú comune, scambiando con le signore cortesie, sciocchezze e piacevolezze galanti, quali gli portava alla bocca una vecchia abitudine, ma di nuovo, d'insolito, di maligno in lui c'era questo: che sapeva di essere sporco; dentro gli abiti spolverati e la camicia lavata, sguazzava nel perverso piacere di sentirsi sporco. Dopo aver detto una frase come «Il nero Le dona!» sarebbe di sicuro impallidito di vergogna e disperazione, se non fosse sopravvenuto a soccorrerlo il pensiero che quelle parole erano state dette all'elegante ragazza da un uomo coi piedi sudici. Ormai solo a questo patto poteva continuare a

vivere la sua futile vita di una volta. Passeggiata, strette di
mano agli sciocchi, conversazione, convenevoli, elogi a pianisti
e a violiniste, progetti per il domani... tutte cose che egli si
lasciava passare, e tollerava, e quasi perdonava, solo perché le
compiva macchinalmente, senza prestarvi attenzione, essendo
tutto il suo animo immerso in quel segreto, profondo, rabbioso
sentimento della propria sporcizia, in quel sapersi minutamente
coperto di macchie, schianze, unto di loia, grommato gl'inguini
di sudore. Nelle macchie, croste, untume, che gli s'appastavano
sulla carne, quell'uomo, cosí elegante e pulito nel 1935, trovava ormai uno sfogo: quale, Dio solo lo sa, non è facile
capirlo...

Alla fine di luglio, non uscí piú di casa che due volte la settimana, e sempre di sera, quando lo scirocco[8] era sospeso
nell'aria come un tetro e infinito sudore. Nella sua camera,
erano apparse le cimici. La prima, egli l'aveva scoperta una
mattina di domenica, immobile, come una minuta pupilla che
lo fissasse da mezzo il lenzuolo. La notte seguente, avvertí che
alcune gocce di sudore, invece di sperdersi nel cuscino su cui
strofinava la faccia, gli s'indurirono e presero a camminargli
come formiche piano piano sotto la guancia. Accese la lampada,
e vide il letto formicolante di punti neri che, sorpresi dalla luce,
si fermarono rattenendo la vita: una fila di altri puntini si era
immobilizzata sulla parete contigua cercando di ficcarsi piú
addentro che potesse come teste di chiodi.

Spense la lampada e chiuse gli occhi. Il timore di non
riuscire a dormire fra quelle sensazioni viscide, risultò infon-
dato: al contrario, gli parve che una notte piú alta, ed eterna,
gli camminasse sulla fronte col passo di quegl'insetti; ciascun
vellicamento all'esterno del corpo gli strappava via dall'interno
un sogno o un pensiero, rendendogli piú duro, e pesante, e sot-
terraneo, il sonno. Nel tardo mattino, accese di nuovo la luce, e
vide la folla infinita delle proprie gocce di sangue correre nera
verso i margini del letto, rintanarsi, al di là delle lenzuola, nella
rete di ferro. Altre, di quelle gocce, erano arrivate sulla volta, e lí
sparivano, una dopo l'altra, come inghiottite dall'intonaco
bianco. — Per bacco! — gemé. — Per bacco![9] — e si morse

una mano. Stava quasi per ribellarsi, per chiedere acqua, sapone, luce, amore, felicità, dignità... ma non fu che un momento: di nuovo il sorriso amaro gli apparve sulla bocca, di nuovo l'occhio gli si velò,[10] di nuovo l'animo spaurito cercò bramosamente il conforto che gli mandava, attraverso i pori di tutta la pelle, la sozzura.

Si abituò a dormire fra le cimici. Al buio, con gli occhi chiusi, ne seguiva lo snodarsi e svolgersi in lunghe righe,[11] in drappelli, in turbe larghe e piene: qualcheduna gli cadeva addosso dal tetto come un piccolo sputo, altre gli salivano piano dal lenzuolo, altre lo stavano ad appetire da lontano. Si sentiva cercato, annusato, agognato in tutta la camera; e poi sentiva brulicare il proprio sangue in tutta la camera. Talvolta, accendendo bruscamente la lampada, gli pareva di vedere sul lenzuolo un topo di fogna sminuzzato e sparso da per tutto; talaltra, nel buio, gli pareva che il volume di quei puntini, che gli scivolavano sulla pelle, fosse aumentato, e che alle cimici si fossero unite le blatte arrivate dalla cucina.

Una notte, tardò a rincasare, pensando malignamente di generare apprensione e turbamento in quelle migliaia d'insetti che lo aspettavano per la solita ora. Camminando lemme lemme per un viale alberato, incontrò una donna mirabile, una di quelle signore che egli aveva amato prima che si sposassero ad altri.

— Mi accompagna, Giuseppe? — gli disse la bella donna, appoggiandogli una mano sul braccio.

A quella voce, a quel profumo, a quel soave lume di occhi c di viso, il cuore gli saltò dal ribrezzo, come a un animale notturno strappato dalla tana e gettato in faccia al sole.

— Mi dispiace! — rispose. — Sono aspettato! —.

— Da chi? —.

Egli sciolse il braccio dalla mano di lei, fece un passo indietro e salutò: — Buona notte! —.

Lo zio, che non badava piú a tante cose, cominciò tuttavia ad avere dei sospetti e a torcere il naso. — Vorrei ingannarmi! — borbottava. — Ma questo ragazzo mi pare che mandi un odorino!...—. — Tu — gli disse una sera, — tu, figlio mio...

sudi, mi pare! —. E un'altra sera: — Tu non mi piaci affatto!
Non mi piaci! Non mi piaci! —. E un'altra sera ancora: — Ma
perché non mi dici che diavolo hai? Si può sapere che cosa ti ha
preso? —.

Giuseppe si abbuiava in viso e non rispondeva nulla.

— Dunque non ti laverai? — continuava il vecchio. — Dunque non uscirai? Dunque starai sempre a letto? Dunque non
lavorerai? Dunque non ti sposerai? —.

Un pomeriggio gli entrò in camera all'improvviso e andò ad
appoggiare la fronte sui vetri schiccherati. Giuseppe s'immerse
fra le lenzuola sudice e stette a fissare lo zio con due occhi di
rana appiattita nel fango.

Con le spalle voltate al letto, la fronte sui vetri e l'occhio giú
in istrada, lo zio borbottò e parlò e mugolò per un'ora. E lo
chiamò *Strascicone*, e *Peccato l'acqua che ti bevi*, e *Lofio*,
Sdraioso, *Paracqua*, *Schiaccioso*, *Càntero!*[12]

Esasperato Giuseppe uscí dalle lenzuola.

— Ho ucciso una bambina! — gridò. — Ecco quello che ho
fatto in Toscana! Ho ucciso una bambina! Le ho dato un
colpo d'accetta nella testa! —.

Lo zio non rispose nemmeno col respiro.

— Ho ucciso due donne e un'altra bambina! — continuò
Giuseppe. — Con l'accetta! —.

Ci fu una pausa.

— Non è vero! — disse lo zio. — Non ci credo: non è
vero! —.

E infatti non era vero: Giuseppe non aveva ucciso nessuno,
ma aveva visto, a pochi passi da lui, tre soldati stranieri, degli
uomini robusti e ben nutriti, uccidere a colpi d'accetta, lentamente, come pigri tagliaboschi che non hanno alcuna premura
nel segare un albero, due donne e due bambine.

E adesso portando al culmine quel sentimento di accidia,
abbiezione, disprezzo degli altri e di sé, nel quale consisteva
tutta la sua vita da quando aveva visto il truce spettacolo,
espellendo con forza uno sputo che lanciava in cielo perché gli
ricadesse in piena faccia,[13] trovava, nell'addossarsi a voce alta il
delitto degli altri, feroce e completo lo sfogo che solo in parte e

malamente aveva trovato nel coprirsi di sozzume e pidocchi.

— Le ho uccise! È vero! Credimi! Le ho scannate! A colpi d'accetta! —.

1945

4

SEDUTA SPIRITICA

by

ALBERTO MORAVIA

LA signora aveva scritto il nome e l'indirizzo dei suoi amici sopra un foglietto di carta strappato dal taccuino; e sebbene non conoscessi quella gente, accettai l'invito perché quella sera non avevo di meglio da fare.[1] Sapevo che era un avvocato il quale amava frequentare gli intellettuali, immaginavo che ci avrei incontrato qualche amico. Trovai senza difficoltà la casa nella strada e al numero indicati. Era una villetta in stile floreale in fondo ad un giardino folto e angusto, in un vecchio quartiere abitato, appunto,[2] da professionisti e burocrati. Nell'ingresso una cameriera mi aiutò a togliermi il soprabito e mi fece cenno di seguirla. La casa pareva di gente ricca ma senza gusto, piena di quei mobili dorati fabbricati in serie[3] che rimangono nuovi e stranieri fino al giorno in cui vengono rivenduti al rigattiere. Entrai in un vasto salotto sfarzosamente illuminato in cui si trovavano già sei o sette persone; ma con delusione mi accorsi che non conoscevo nessuno. C'erano due signore mature e ingioiellate, gli altri erano uomini, come si dice, di mezza età, tutti vestiti di scuro.[4] Colui che pareva il padrone di casa, un piccolo uomo calvo, nero e occhialuto, mi si avvicinò e mi domandò con una sfumatura di protettiva familiarità:

— La manda la signora Assunta?

Non conoscevo il nome della signora; ma risposi di sí, a caso.[5] Il piccolo uomo nero mi prese sottobraccio[6] e rivolto agli altri mi presentò. Allora, come pronunziò un nome diverso dal mio, compresi l'abbaglio.

Avrei potuto dire la verità: che avevo sbagliato indirizzo.[7] Ma ne fui trattenuto da un istinto di giuoco,[8] e poi, dopo tutto, avevo già mentito asserendo di essere stato mandato[9] dalla

17

misteriosa signora Assunta; ora non mi restava che continuare. Compiute le presentazioni, il padrone di casa si diede una stropicciata alle mani[10] e disse con solennità — Mi pare che non manca nessuno... possiamo incominciare.

Notai allora che tutti sembravano al tempo stesso ansiosi e compunti e mi guardavano in una maniera singolare: con una mescolanza di curiosità, di rispetto e, come mi parve, di ribrezzo. Il padrone di casa domandò con sollecitudine: — Questa stanza va bene? Dove vuole che ci mettiàmo?

— Dove vuole lei, — risposi sbalordito.

— Ho pensato che possiamo metterci là —, disse il padrone di casa indicando un tavolino tondo di legno scuro e opaco che spiccava tra gli altri mobili tutti dorati, nel mezzo del salotto. Risposi che per me andava benissimo, benché mi fosse oscuro il senso così della sua domanda come della mia risposta. Poi li vidi tutti quanti, come ad un segnale, levarsi e andare a sedersi intorno al tavolino e ad un tratto capii. Allora provai una curiosa sensazione; come di vergogna per l'impulso di giuoco che mi aveva guidato fino a quel momento. Mi dissi che avrei potuto certamente divertirmi alle loro spalle,[11] volgere la cosa in farsa. Ma riflettei che essi cercavano in quel momento di comunicare con il soprannaturale; e che perciò erano degni piuttosto di rispetto che di scherno. Pensai che ad un esploratore capitato per caso, nel cuore della foresta tropicale, nel bel mezzo di una tregenda totemica, non vien fatto di ridere;[12] così io, che nella città moderna ero entrato per equivoco nel giro di una specie di magía. Che poi fossero persone cosidette civili e non negri seminudi e si trattasse di spiritismo e non di stregoneria, questo non aveva importanza.

Sedemmo dunque tutti intorno al tavolino e il padrone di casa domandò: — Vuole che spegniamo la luce? Oppure desidera prima concentrarsi?

Risposi: — Prima mi concentrerò —. Seguí un lungo silenzio. Io elaboravo un mio piano e intanto, guardando alle facce tese e attente dei miei compagni, non potevo fare a meno di pensare agli strilli che ci sarebbero stati se tutte quelle persone avessero discusso, poniamo, di economia o di politica. Cosí, riflettei, non ci voleva meno del soprannaturale, sia pure quello delle tavole giranti, per riunire gli uomini e far tacere i loro egoismi. E per un momento i brutti mobili in stile Luigi quindici, i goffi vestiti, la luce elettrica, le pareti stesse della sala scomparvero dai miei occhi e io avvertii fuori della casa la presenza della notte primitiva, tenebrosa e infinita, e capii che ciò che riuniva quelle persone era il terrore di questa notte. Ispirato, dissi improvvisamente: — Bisogna che tutti loro si rendano conto che ciò che stiamo per fare è molto serio. Tutti debbono credere in quello che stiamo per fare. Se c'è qualcuno che è scettico... ebbene, ciò basterà a mandare a monte l'esperimento.[13]

Li vidi guardarsi l'un l'altro in faccia, profondamente stupiti. Poi si levò un coro di proteste: — Ma noi ci crediamo. Se no perché saremmo qui? Ci crediamo tutti.

Il padrone di casa mi assicurò con autorità: — Stia tranquillo. Qui non ci sono scettici.

— Può darsi, — risposi con durezza, — ma non ne sono affatto sicuro. Prego, adesso, signori, prego, riuniscano le mani e formino la catena.

Fui subito ubbidito. Finsi di raccogliermi di nuovo e quindi esclamai dando in smanie:[14] — Non va... proprio non va... non va assolutamente.

— Perché? Che c'è? — domandarono molte voci allarmate.

— Qualcuno qua dentro non ci crede, — gridai, — qualcuno è scettico... qualcuno insomma si fa beffa di noi.

Di nuovo sorpresa e costernazione. Il padrone di casa domandò: — Ma questo chi è? —

— È quello che non mi riesce di capire — risposi.

Finsi di riflettere un momento e poi proposi: — Facciamo cosí: spegniamo le luci e restiamo al buio ma senza stringerci le mani. Io vi assicuro che questo scettico, questo buffone — e pronunziai la parola buffone con un'enfasi particolare, — si sentirà spinto dal mio influsso ad alzarsi ed uscire... poi rifaremo la luce e vedrete allora chi era lo scettico, il buffone.

Notai con soddisfazione che questo procedimento insolito veniva accettato senza obbiezioni. Il padrone di casa andò a spegnere le luci e, al buio e a tastoni, tornò al suo posto. Dissi a gran voce: — Ora silenzio, immobilità e raccoglimento. Udirete qualcuno alzarsi e uscire. Ma non muovetevi, non parlate finché non avrete sentito la porta di casa chiudersi. Comunque vi avvertirò quando sarà il momento di riaccendere la luce —. Cosí dicendo mi levavo in piedi. Ricordavo la disposizione della sala; feci il giro della tavola, andai all'uscio, lo disserrai appena e scivolai via per la fessura richiudendo subito. Per il corridoio raggiunsi l'anticamera e poi uscii nel giardino. Presso il cancello, vidi una figura di uomo che guardava incerto al numero, sul pilastro. — E' lei —, domandai con subitanea ispirazione, — il medium?

— Sí, sono io.

— Ebbene vada pur dentro,[15] l'aspettano.

Egli entrò nel giardino e io mi allontanai nella notte.

5

SOLA IN CASA

by

ELIO VITTORINI

A momenti sarebbe stato mezzogiorno.[1] Che magnifica cosa un mezzogiorno di novembre! Dalla strada salivano suoni festosi quasi tintinnando contro i vetri: campanelli di biciclette, trombe d'auto, voci di bimbi. In camera, il sole dilagava sul pavimento, aveva già invaso metà del tappeto e cominciava ad arrampicarsi lungo la coperta, sul letto: era un fiume e Lisetta lo saltava da una riva all'altra a piedi uniti, poi vi si tuffava chiudendo gli occhi, agitando le braccia.

Era sola in casa. Paolo, via da alcuni giorni,[2] viaggiava. La piccola era via con lui, nel treno. La cameriera all'improvviso aveva chiesto un giorno di libertà; faceva cosí bel tempo, degli amici l'avrebbero portata in campagna; e Lisetta non osava negare a nessuno di essere per un giorno felice.[3] Poi, restare sola in casa, sola davvero, per la prima volta, e farsi tutto da sé, pulire le stanze, prepararsi da mangiare, con tanto sole che gira per la casa, le era parso una grande felicità. Non sarebbe mai piú capitato nella sua vita. E Lisetta aveva cominciato con gioia la sua giornata di donna sola in casa – per quest'unica volta nella vita.

Contro le sue abitudini s'era levata prestissimo, alle otto; ed erano venuti il lattaio, lo spazzino, il garzone del panettiere e il garzone del macellaio meravigliati, appena la porta si apriva, di trovarsi a parlare con la signora. Poi aveva lavorato in cucina e ogni cosa era stata divertente. Il gas che fa frrrr... ed ha una fiamma come un fiore vivo, larga, aperta, una specie di rosa e di ape insieme, ronzante; le pentole che mandano suoni di balocchi, colorate l'una diversa dall'altra, perché venisse la voglia di averne molte;[4] il getto loquace dell'acqua, nel lavandino, che racconta storie e storie, con la monotonia di uno che ne ha viste tante; e poi le patate che a sbucciarsi[5] si

21

trasformano da brutte bestiole in frutti esotici, candide, umide; e i pomodori come creste di gallo sul tavolo...

Ma forse era cosí divertente perché il sole rompeva le vetrate correndole addosso di qua, di là. Oh avere il sole nei capelli! Subito si sentiva pigra come una gatta, e avrebbe voluto distendersi in terra, crogiolarsi la calda luce nel petto. Adesso ogni cosa era pronta; buon odore fumava dal sugo di pomodoro, entrava nelle stanze; l'acqua bolliva nella pentola; al tavolo di cucina, poiché avrebbe mangiato affatto da brava massaia, il posto apparecchiato l'aspettava e non mancava che buttare la minestra... Ma era cosí presto; solo mezzogiorno a momenti. E il mezzogiorno d'una bella giornata d'inverno non è lo stesso mezzogiorno di tuttodí. Lisetta non aveva voglia di mangiare mentre il mondo risuonava, rintoccava. — Quanto sole! — dicevano le piccole cose, le chincaglie, le trine, e si allungavano sui mobili, pigre, anch'esse come gatte che fanno le fusa.

— E se andassi un po' a zonzo?[6] — si chiese Lisetta. Bisognava forse pensarci prima.[7] Vestirsi, camminare lungo i negozi, essere vista e ammirata, era poi gioia di tutti i giorni. Oggi aveva voglia di saltare piuttosto, salire danzando fino alla cima degli alberi, riempire il cielo d'un gorgheggio.

Dalla via il rumore della bella giornata diventava eccitante; continuamente passavano frotte di biciclette, frotte di bimbi e pareva che il sole, le nuvole, le foglie del viale vicino, mandassero anch'essi squilli, tintinni. — Piccola sono — pensò e sorrise Lisetta sfiorandosi, nell'attraversare la camera, lungo uno specchio. — Piccola e deliziosa. — Lo specchio le dava sempre un senso di calma. Si ricordò in un ballo, dell'anno scorso, come era svanita leggera ogni frenesia nel ritrovarsi a tu per tu con sé stessa, dentro uno specchio pieno d'ombra. E sapeva che proprio le ore di toilette erano per lei le piú riposanti.

Le venne voglia di[8] accarezzarsi; la stessa voglia di tutte le mattine, quando, spogliatasi del pigiama e prima di infilare la camicia, indugiava nel letto lisciandosi tutta, con le sue dita di piuma. Perché Paolo l'amava sola la sera? Ella si sentiva piú

piccola di sera, e senza seni, quasi senza corpo, una bestiolina
che cerca un buco in terra, dove sparire. Al mattino rinasceva
donna, complessa, fatta di linee curve; allora le occorreva
sentirsi amata ma Paolo buttava via le coperte, senza guardarla,
e metteva subito i piedi in terra, ragionando di qualcosa con sé
stesso, qualcosa di assai lontano dal letto come se già si trovasse
nel viale, nel tram, correndo verso l'ufficio; e girava alto
attorno a lei, con grandi gesti delle braccia roteanti. Roteavano,
roteavano quelle braccia, prima nude, poi bianche di seta,[9] poi
scure di stoffa, roteavano e crescevano intorno a lei, braccia
d'albero, braccia di mulino a vento e sembrava che volessero
tuffarsi in lei, abbassarsi e tuffare. Quanto desiderio e paura
che quelle braccia tuffassero davvero![10] Ma ella tornava a
perdersi nel sonno piú caldo e appena appena udiva piú tardi
la sua voce, — arrivederci cara – –, che si allontanava.

— Paolo! — Ella adorava il suo uomo. Chiuse gli occhi e lo
sentí accanto sfiorarle i capelli col bacio della prima volta.
Erano qualcosa fuori del comune i suoi capelli, quasi
crespi, lucenti, tirati in una grande massa tutti da una parte.
Dall'infanzia aveva sentito parlare in maniera indimenticabile
dei suoi capelli, sempre dei suoi capelli, come se non avesse
altro di bello. Poi era venuto Paolo, e anche lui – capelli! Lei lo
adorava adesso; ma aveva adorato tanti uomini, allo stesso
tempo, tutti i cari uomini che sapevano dirle quanto fosse
bella, quanto deliziosa, come il suo abito fosse di buon gusto,
quanto la sua voce toccasse il cuore; in questa o in quella sera
di gioventú. E se qualcuno di loro, adesso, entrasse in camera
e l'abbracciasse, ella farebbe l'amore con lui?

Lentamente si tolse il pull-over, come per cambiare d'abito,
e tese le braccia candide incontro all'altro sole, l'altro letto,
l'altra Lisetta che stavano nello specchio. — Candide braccia —
si disse. Ma ciò non era tutto; e nemmeno morbide era tutto;
quale parola poteva essere tutto?

Sollevò le braccia intorno al capo e pensò ancora quanto
fosse piccola e deliziosa. — Felici braccia! — Ora aveva
trovato tutto.... Queste braccia, questo viso, questo corpo che
sta sotto la veste coi suoi seni segreti e le sue anche, questa

incredibile e vera Lisetta poteva essere la felicità di un uomo, ella e basta. Per Paolo era stato cosí, tutta la felicità, dapprima; e poi sempre meno, sempre un po' meno. Oh, essere di nuovo tutta la felicità per un uomo, uno come Paolo che non fosse Paolo!... Chiamarlo dalla finestra, subito, il primo bel giovanotto che passa; farlo salire, zitto. E che? L'avrebbe adorata in ginocchio; davvero?

Corse in salotto, andò al piano, fece scoppiare lunghi suoni dai tasti. Do-mi-sol-fa-re-mi. Non aveva mai baciato altro uomo che Paolo: non sapeva, non sapeva.... Era come la signorina di Paolo. E campane, piroscafi, onde di mare, nuvole salirono nell'aria rintoccando su dal vuoto del piano, salirono di sotto le sue dita e come acqua correvano via lungo la tastiera, s'inseguivano nella stanza, fuggivano nel corridoio. Campane, sirene, uccelli, stormi di foglie leggere al vento. Per le punte delle dita danzanti si teneva al mondo, e nient'altro; il resto di sé fluttuava, era volo, era battito, era sole nei capelli tutto il resto; e di nuovo campanelli di biciclette, voci di bimbi giunsero dalla strada squillando. Do-mi-sol-fa-re-mi. Questa del piano sarebbe stata la sua voce, adesso; proprio la sua voce, languente, calda, e felice come le braccia; per invitare un uomo a venir su.

Chiamarlo, chiudere gli occhi ed esser baciata. Non era tradire Paolo, questo? Ma Lisetta non voleva tradire Paolo; voleva essere tutta la felicità di qualcuno, lei e basta, per un giorno. Tradire, sicuro, era tradire ciò... E perché non tradire una volta? Mai dovrà baciare un altro uomo? Vedere che un uomo s'inginocchia dinanzi a lei, che l'adora, come già Paolo, di nuovo? Per una volta baciare un altro... Ecco: un giorno come oggi potrebbe; ella è sola in casa, Paolo tornerà domani, al tramonto la cameriera; chi saprà nulla? Si ricordò del giovanotto che leggeva sempre nella veranda dirimpetto alla cucina; era un bel ragazzo, scuro scuro di sole e la guardava; certo l'ammirava; e qualche volta Lisetta lo aveva sognato quando si riaddormentava nel letto caldo dopo l'arrivederci di Paolo.

Boum! Il cannone lontano del Forte recalcitrò nel mezzogiorno. Delle campane si destarono, riunendosi, distaccandosi, sparpagliandosi nell'aria. E Lisetta si alzò, richiuse il piano, attraversò il salotto dimenticando ogni pensiero, felice soltanto di essere davvero Unica in casa.

Adesso sí era tempo di buttare in pentola la minestra. Come buffa bolliva l'acqua! Pareva che qualcuno si dibattesse là dentro per risalire alla superficie. Ma il telefono squittí acuto nell'andito.

— Pronto. Sei tu Scimmietta? Buongiorno cara. Sí, sono sola, anche la donna è uscita... Ma ho fatto tutto da me; sapessi[11] come è stato divertente; è una cosa nuova... Grazie cara; ma ormai voglio godermela tutta... Uscirò sul tardi semmai. Sí, ecco, se proprio ci tieni verrò stasera a pranzare da voi, grazie... No, non venire a prendermi. Voglio passare qui tutta la giornata, e sola... Ti insospettisce? Sei cattiva a pensar male di me. Che farò, dici? Prima rimetterò le cose in ordine, poi mi suonerò della musica, canterò, ballerò e tutto per me. È inebriante restare sola in casa. Non l'hai mai provato? Prova senz'altro alla prima occasione; vedrai. Sei tranquilla adesso? Sí, alle sette sono da te. Tanti saluti a tuo marito, a tua sorella... Arrivederci allora. Arrivederci —.

Tornò gorgheggiando in sala, poi in cucina; entrò nel quadrato di sole piroettando su un piede e scoccò alto le dita a maniera di castagnette. Era veramente felice di girare cosí sola, cosí padrona, per le stanze. Ma non voleva ancora mangiare. Aveva paura che questa gioia della mattina si sarebbe dissolta col passare di là dal mezzogiorno. E se diventava triste, opaco, come tanti altri giorni, dopo mangiato?[12] Sarebbe stato orribile, sola in casa... Meglio se si fosse messa d'accordo con Scimmietta, di uscire subito dopo. Forse Scimmietta aveva ragione. E che adesso? Rimandare, rimandare; prolungare questa mattinata piú che possibile. Buttò dell'altra acqua fredda in pentola, smorzò ancora il gas, e spalancò le vetrate.

Il sole era piú caldo fuori. E se provasse [13] a innaffiare i suoi fiori? Con l'innaffiatoio colmo, grondante da qualche forellino di sotto, cominciò a girare per il terrazzo. Ma subito si appoggiò al parapetto, guardando pei tetti e i dietro delle case. Le tegole brillavano, le docce brillavano, cime di alberelli dai cortiletti salivano in ciuffi di foglie rosse e brillavano, affilate palme, magnolie piccole come scolare, arbusti di giardino quasi di giunco. Come era rosso e vivace tutto questo!

— Che cosa è mai la vita delle piante? — pensò. — Dovrebbe essere la loro vecchiaia questo fuoco; pensare che poi tutto secca e si sfoglia; eppure mai sembrano come ora cosí giovani. Oh, vorrei ben essere una pianta oggi! —. Girò per le sue piantine, allineate nei vasi lungo il parapetto, e cominciò una per una a spruzzarle appena, quasi avesse paura di far loro del male. Ma la terra nera beveva, come sabbia d'una spiaggia, rasciugandosi subito, e le foglioline si scuotevano, raggiavano d'una voluttà misteriosa, come cose vive, come uccelli. Povere piantine senza fiori! Perché ogni giornata di sole non poteva essere una nuova primavera?

Poi la colpí l'idea del mezzogiorno. Depose in terra l'innaffiatoio e tornò ad affacciarsi, già sentendosi languida dal seno alle gambe. Tutto questo mondo brillava perché era mezzogiorno. Brillava, suonava di mezzogiorno. Si poteva quasi ascoltare nell'aria il rumore d'una vita invisibile, una risacca, un pullulìo, la vita del mezzogiorno. Ogni cosa cantava, è mezzogiorno, è mezzogiorno; lo splendore era nell'aria, veniva dal cielo, un cielo incantevole come nell'infanzia e nei viaggi di mare, veniva dal mare lontano miglia da qui, e il sole stesso, tra le ombre delle case, sembrava fatto di foglie d'oro, un albero gigantesco che dall'estremità della terra stendesse una fronda d'oro fin qui. E le tegole, le docce, le grondaie, le persiane verdi, le finestre aperte, le piante rosse dei cortili, i comignoli col loro filo di fumo, dicevano: siamo mezzogiorno, siamo mezzogiorno. Due gatti s'inseguivano e inseguivano una lucertola. Uccelletti pispigliavano di qua, di là, e non si faceva in tempo[14] a vedere dove fossero. Le foglie pispigliavano. Dalle gabbie i canarini cantavano mezzogiorno. Del bucato dondolava alle terrazze piú alte. E una donna venne a scuotere un tappeto dal balcone dirimpetto agitando le braccia con gioia come per dire anche lei — sono mezzogiorno —.

Poi Lisetta sentí che qualcuno la guardava, qualcuno ben

noto e forse caro. Lentamente si volse a destra, ripiegando su una spalla il capo, verso la veranda dove a primavera fioriva tanto glicine. Oh, come caro! Stava in una sedia a sdraio e teneva un dito dentro il suo solito libro, richiuso per lei, per ammirarla. Come avrebbe voluto ringraziarlo! Sentí di essere lei tutto il mezzogiorno, per quel ragazzo. Essere tutta la felicità, tutto il sole e la luce, per lui. Ma chi era lui? Che faceva a leggere l'intero giorno? Forse malato...

E il languore si trasformò in tenerezza. — Io sono la bella giornata e qui sto accanto a lui —. Paolo era via, in vaggio, la cameriera non sarebbe tornata che al tramonto; ella era sola in casa. E se colui adesso spiccasse il volo dalla veranda al terrazzo, e venisse a lei e la stringesse intorno ai fianchi con le sue braccia ella farebbe l'amore con lui? Lo vide alzarsi e appoggiarsi alla ringhiera; carezzando un gatto biondo che subito era corso a strofinarsi contro il suo braccio. Il sole gli batteva sul viso ma egli la guardava intensamente, fisso in lei coi suoi occhi caldi, come godesse di lei, come la possedesse. Senza dubbio ella lascerebbe che la baciasse. Questa sola volta e basta. — Si può — disse convinta a sé stessa - si può, si può, si può, anche se ciò è tradire, si può per una volta nella vita —.

Era bello; Paolo sembrava cosí vecchio dietro a lui, un papà di lui e di lei, coi suoi capelli già grigi; e quante pazzìe avrebbero fatte, ambedue giovani, se egli ora entrasse nella casa dove Lisetta era sola... Tutto certo della casa gli piacerebbe: la coperta del letto, le trine dei mobili; e vorrebbe suonare persino un po' di grammofono; ballerebbero... A un tratto qualcosa volò via dalla veranda come un uccello liberato, luccicò nel sole, cadde sui tetti: un garofano. Lui l'aveva strappato e lanciato per lei. Oh, come caro! E giaceva lí, tra due tegole, ove si sarebbe sciupato e disfatto, e domani sarebbe morto; per lei. Perché — quel giovanotto — non gliene porterebbe un fascio qui, con le sue mani? Dio mio, perché non chiamarlo davvero? Un giorno come oggi non tornerebbe piú nella sua vita.

Chiuse gli occhi, rovesciò indietro il capo, alzò le braccia. Sentí che le agitava innanzi a sé, che un gesto deciso, come un

gesto di invocazione, si distaccava da lei e correva verso la
veranda. Ciò era una pazzìa. Si riscosse e scappò in cucina
richiudendo con fragore le invetriate. Poi rise; — come matta
—, pensò. Guardando dietro ai vetri s'accorse che la veranda era
vuota. E che? Lo sconosciuto veniva davvero? Volle darsi da fare
perché ciò non fosse vero; spalancò tutta la fiamma del gas,
cominciò a grattare il formaggio. Ma quasi subito portò le
mani al naso spaventata che le odorassero di formaggio. Corse
al rubinetto e si lavò col palmolive. Poi uscí dalla cucina; in
punta di piedi.

Sí, un uomo stava per giungere e inginocchiarsi dinanzi a lei,
di nuovo; ella stava di nuovo per essere tutta la felicità di un
uomo. Andò allo specchio e s'incipriò; si passò il rosso sulle
labbra pensando come gli uomini si lamentano sempre di avere
un po' di rosso della bocca di una donna sul viso; e ancora si
tolse il pull-over restando a braccia nude, le felici braccia...
Poi guardò il letto. Ecco: forse, lí, fra dieci minuti starebbe fra
le braccia di uno sconosciuto; a gambe e ventre scoperti.
Sentí di odiarlo; e che dopo sarebbe stato impossibile dormirci,
impossibile, soprattutto, oziarvi calda, languente, quando
Paolo ha detto arrivederci e se ne è andato. E rimpiangerebbe
il suo caro letto d'un tempo!

Ma un passo forte d'uomo suonò sotto le finestre, il passo
d'un gigante, pensò Lisetta. Trattenendo il respiro ella
ascoltò. S'era fermato adesso. Andava su e giú. E Lisetta ebbe
quasi paura di vederne apparire la testa dietro i vetri.

Per questo uscí di camera richiudendo l'uscio. Si trovò nel
corridoio buio. Di sotto agli usci, tutti chiusi, passava una riga
di sole. Si sentí una ladra e pensò a lungo, appoggiata al muro,
che un uomo le si avvicinava e l'avviluppava. Era proprio il
buio di un amplesso, di un uomo... E quel giovanotto, ora,
sarebbe tutto fatto di buio. Trepidando, premette con un dito sul
bottone che apriva la porta di strada. Poi schiuse la porta vera,
quella per cui lo sconosciuto passerebbe stendendo un braccio su
di lei. Ascoltò. Il passo ora frusciava, come spazzando i gradini,
saliva, saliva, ed era il passo di un estraneo. Ciò era orribile. E
se non fosse un uomo davvero, se fosse un morto, un fantasma?

Ricordò che ai primi giorni del suo amore con Paolo, egli veniva cosí a baciarla sulla porta, dopo pranzo, mentre i genitori di lei riposavano. Era l'estate e il sole ronzava alle finestre. E lei aveva indosso un vestitino di percalle, per il caldo, un percalle a fiori viola e senza maniche. Ma era assurdo che un altro uomo venisse ora allo stesso modo, e che lei lo aspettasse, era assurdo, era mostruoso. Vide una testa affiorare lungo la ringhiera e gettò un grido. Sbatté la porta e corse a spalancare tutti gli usci. Sole! Sole! Per non udire si mise le mani alle orecchie. In cucina l'acqua si versava sul fornello, fumava, scoppiettava dall'orlo della pentola. Senza esitare buttò giú la minestra. Poi andò al telefono.

— Pronto? Pronto? Sí. Sei Scimmietta? Sí, cara, ho cambiato idea. Non riesco a restare in casa, ecco tutto. Vienimi a prendere, per favore. Sí, brava, alle due t'aspetto. Sarò vestita. Non tardare di un minuto, ti prego. Arrivederci allora. Arrivederci — .

Qualcuno intanto, lievemente, picchiava alla porta, tap-tap come con una zampa di velluto. Ma Lisetta, in cucina, aveva aperto il rubinetto dell'acqua per non udire.

6

LA CITTÀ

by

Cesare Pavese

Gallo non fu mai, neanche al paese, di quelli che amano certi discorsi e si ubriacano in compagnia per farli con maggior libertà. Tra giovanotti c'è sempre qualcuno che ci si mette e vuota il sacco;[1] ebbene, Gallo lo lasciava dire e non ne faceva caso, e una volta ne guardò due che susurravano, prese le carte, le mescolò e disse con calma: — Ragazzi, queste cose è meglio farle che dirle —. Era con me un giorno che tornavamo dal paese lungo l'argine, scalzi per prendere il fresco, e vediamo sotto le piante una ragazza che usciva allora dall'acqua, convinta che non passasse nessuno. Io rimango inchiodato[2] e lí per lí divento rosso, guardai subito a terra; Gallo si mise a ridere, batté le mani e diede una voce: la ragazza scappò.

Di queste cose ne capitarono fin che studiammo insieme in città e Gallo non andò fuori corso.[3] Legai conoscenza con tanti colleghi, specialmente suoi, e non passava quasi notte che non facessimo il mattino bevendo e giocando. Gallo m'insegnò a divertirmi senza perdere le staffe; non che mi facesse la lezione, ma mi bastava vederlo quando distribuiva le carte o rideva sopra il bicchiere o spalancava impaziente una finestra, per vergognarmi delle mie smanie. Del resto fu un buon amico per tutti, e se nessuno di noi, almeno in quegli anni, fece troppe ~~iocchezze~~, lo deve anche a lui che diceva sempre che è meglio ~~ro~~versi il collo che desiderare di romperselo.

Io ~~ora~~ non reggevo al vino come lui (ho due anni di meno), e so c~~~~ uscendo per le strade dopo una notte di baldoria, Gallo m~~~~stingeva a camminare, dicendo che l'aria era buona e le don~~~~dormivano, e che quello era il momento per mostrarmi ~~~~yanotto di gamba sana e lasciarmi dietro la stanchezza e~~~~ muffa ma ritrovare la salute, per esempio in

30

collina. E mi ci portava. Tornavamo poi col sole, freschi e
intontiti, e il caffè e latte ci faceva ridere. A quei tempi coabita-
vamo una gran camera all'ultimo piano, che pareva una
soffitta. Dopo il primo anno, che la città ci fu meglio nota in
tutte le ore e le strade, provavamo un piacere anche piú vivo a
guardarci d'attorno bighellonando per i fatti nostri, o aspettando su un angolo. Anche l'aria dei viali e delle singole vie
adesso s'era fatta accogliente, e quel che, io almeno, non cessavo
mai di godere era la faccia sempre diversa della gente sui
cantoni piú familiari. Tanto piú bello era sapere che in certe ore
bastava entrare in un caffè, fermarsi a un portone, fischiare in
una viuzza, e i vecchi amici sbucavano, ci si metteva d'accordo,
si andava, si rideva. Divenne bello, in compagnia, pensare che
la notte o l'indomani sarei stato solo volendo; o, quando rien-
travo solo, che mi bastava uscir di casa per far comitiva. Fu per
questo che, dopo il primo inverno, decisi di buon accordo con
Gallo di separarmi da lui e trovai una camera poco lontana dal
centro, in una via alberata, al terzo piano. Mi decise Gallo,
dicendo che, se non prendevo io quella camera, l'avrebbe presa
lui. Aveva ai vetri le tendine bianche, e un letto a divano. Io
non ero preparato a un ambiente cosí cittadino, e meno ancora
all'intimità con la padrona di casa che, secondo Gallo, doveva
risultarne. Costei non aveva altri inquilini, e mi avrebbe
trattato come un figlio. Non era piú giovane, ma di pelle calda
e occhi vivi sulla sua piccola statura. Notai fin dal primo incontro che si stringeva al seno la vestaglia, con troppa sollecitudine per essere innocente. Lo notai ma decisi di non
farne nulla. L'idea di crearmi in casa una donna che potesse
accampare su me e sulla mia pace dei diritti, m'inquietava. E
per quanto talvolta costei venisse a fumare una sigaretta nella
mia camera ridendo con me, non c'intendemmo. Preferivo
lasciar credere agli amici che avevo avuto fortuna, e passare
certe notti – specialmente nella bella stagione – a finestra
spalancata, smaniando nella speranza che si decidesse lei a
entrarmi in camera e gettarmi le braccia al collo. Ma quest'ora
non venne mai, e Gallo difese presso gli amici il mio
silenzio.

Le nostre avventure erano soltanto di strada; e anche le
baldorie che avevano luogo nello stanzone di Gallo tendevano
alla disputa, all'ubbriachezza, alla vociferazione, piú che allo
stravizio. Uno degli amici, un cittadino, che vi portò una sera
una sua ragazzotta che fumava come un uomo e aveva le unghie
dipinte, ci guastò ogni piacere. Gallo gli disse che se voleva
l'uso della stanza per un pomeriggio non aveva che da chiederlo,
ma che dove si discorre una donna è superflua. Io non ero di
questo parere, per me una donna era sempre una donna; ma
sentii forse piú a fondo degli altri sulle nostre parole l'impaccio
e il peso di quegli occhi curiosi. A quel tempo ero ingordo di
compagnia, ogni sorta di compagnia, ma specialmente quella
gaia e familiare dei visi noti. Noialtri di campagna siamo cosí:
ci piace guardare di là dalla siepe, ma non scavalcarla. Gli
amici che avevamo, erano i benvenuti; ma una novità improv-
visa c'inquietava. Non voglio dire con questo che Gallo si
privasse di nulla. C'erano giorni che ci toccava finir la serata
senza di lui, in fondo a una trattoria. Ma in questi casi,
appunto, ci aveva chiuso l'uscio in faccia.

Nella mia smania di compagni e di festa trascorsi eccitato
quell'anno, temendo soltanto l'estate che ci avrebbe interrotti.
Gallo non diceva nulla, ma sapevo che per lui, sempre uguale
a se stesso, anche l'estate avrebbe avuto i suoi piaceri. Per
esempio, tornare fra i suoi, prender parte ai lavori sulle terre
del padre, andare in festa nei paesi circostanti. Cose che a me,
nella esaltazione della nuova vita, scolorivano. Sapevo che la
città doveva essere, sarebbe stata, piú bella, se soltanto avessi
continuato a viverci e avuto il coraggio necessario. Da troppo
poco avevo scoperto la mia stanza, la gioia di entrarci e
uscirne nelle ore piú piccole, le lente sere che aspettavo con
Gallo che venissero gli altri. Certe notti pigliavo sonno, stan-
chissimo, pregustando l'indomani, un avvenire festoso e tutto
quanto disponibile. La mia padrona s'affacciava adesso alla
porta con un piccolo sorriso, rigirandosi la sigaretta fra le dita,
e mi chiedeva se poteva entrare. L'aiutavo ad accendere, e poi
lei si aggirava parlando e mi trattava come un uomo, e finiva
per sedersi accavalciando le gambe nella poltrona accanto al

letto. La segreta possibilità che accendeva i suoi occhi mi
teneva tutto desto e voglioso. Capivo che anche lei se n'era
accorta.

Il giorno che me ne accomiatai per tornare a casa, mi aiutò
a fare la valigia, e intanto mi chiedeva se mi ero divertito
durante l'anno. Io mi sentii quasi truffato, che avesse atteso quel
momento per venire alle confidenze, e le dissi e ridissi che mi
aspettasse, nell'autunno sarei tornato da lei. Glielo dissi tante
volte che mi sentii goffo, ma anche lei sorrideva e mi parve
commossa.

L'estate passò, per me in attesa, per Gallo in lunghe giornate
tra l'aia e la stalla, in levate col sole, in veglie, in discussioni coi
braccianti. Quando andavo a cercarlo, nella bassa cucina della
loro fattoria, m'invitava a colazione o a cena e mi faceva bere,
e i suoi, le sue sorelle, i nonni, mi parlavano come se non mi
fossi mai mosso dal paese. Ciò non mi dispiaceva, ma anche
Gallo era tutto preso nella sua giornata e si ricordava del
passato soltanto in certe sere che tornavamo dal paese sotto la
luna. Lui del resto in città studiava agraria e nel prossimo
inverno sarebbe andato fuori corso.[4] Io pensavo a tutt'altro;
fra i colleghi cittadini mi ero molto legato a qualcuno che
frequentava i teatri e discuteva, e avevo trovato in questo un
nuovo senso della vita che mi occupava la giornata. Una sera
di luna, proprio sull'argine, confessai a Gallo che con la mia
padrona non avevo concluso nulla. Gallo mi parlò di un suo
amore cittadino e confidò che era stato lí lí per portarsela in casa
dai suoi, ma che aveva poi capito che il bello di queste cose è
non farle sul serio. Cioè, sul serio ma non passare un certo
limite. Io gli dissi ch'ero pronto invece a passare ogni limite ma
non mi riusciva di trovare l'oggetto.

A novembre trovai la mia camera già affittata, ma la padrona,
sempre in vestaglia e sempre sollecita, mi scongiurò di venirla
a trovare, di non farle quel torto. La confusione della città me
la tolse di mente, e mi allogai non so dove in una pensione, fin
che d'accordo con Gallo non tornai nell'antica stanzaccia
comune. Quest'anno a lui non occorreva piú risiedere;[5] faceva
scappate; rimase durante l'inverno, ma con la bella stagione

cominciò a viaggiare perché, adesso ch'era andato fuori corso,
suo padre lo voleva presente ai lavori e non gli fece grazia di un
mese continuo.[6] Ci furono sí delle schiette serate come una
volta, in cui si bevve e vociò nella nostra stanza; quasi tutti i
colleghi tornarono a noi; ma capivo che l'anima del gruppo era
Gallo, e Gallo adesso aveva cose a cui pensare. Io andai molto
a teatro – anche questo era bello – e i nuovi amici mi accettarono
con sé. Con loro la vita aveva un sapore diverso; si andava per
esempio a ballare, conobbi donne e ragazze che poi ritrovavo
nei caffè o nelle famiglie. Facevo sforzo per[7] distinguere quelle
che erano sorelle dei miei colleghi dalle semplici amiche
notturne, giacché vestivano e parlavano tutte allo stesso modo.
Ma quando fu aprile, e poi maggio, mi mancarono le lunghe
nottate trascorse a bere, a cantare, a discutere, in un'osteria
fuori mano, le camminate con Gallo nel fresco dell'alba, le
ultime chiacchiere davanti alla finestra.

Quell'anno cominciarono gli studi due nostri compaesani
ancor ragazzi, uno era anzi cugino di Gallo. Io non li volli nella
nostra stanza, per quanto Gallo dicesse. — Non sono una balia,
— obiettavo, ma il vero motivo era piuttosto che cominciavo
a vergognarmi della nostra goffaggine campagnola. Avevo
invece un amico, uno studente giovanissimo, biondino, di cui
conoscevo la sorella. Erano gente di città, molto agiata, e lui
si chiamava Sandrino; la sorella, Maria. Sandrino discuteva
con me di teatro e gli piaceva molto il nostro camerone-soffitta,
disordinato e aperto sui tetti. Strano ma vero, prima che con
lui avevo fatto conoscenza con la sorella, non so se in una gita o
in qualche ballo, e questa ragazza mi aveva detto che la nostra
soffitta era celebre in molte famiglie, e discussa, vilipesa o
esaltata secondo l'età dei giudicanti; quanto a lei, Maria mi
disse che la cosa sarebbe anche stata divertente, ma perché
frequentare certe donnacce senza gusto e ubbriacarci? Maria
diceva *divertente* col tono volubile che hanno appunto le
ragazze della sua classe – sulle sue labbra la parola era bella – e
per quanto respingessi l'accusa con convinta energia, scuoteva il
capo sorridendo. Comunque, fu attraverso lei che conobbi
Sandrino, che entrava allora all'università, e Sandrino si prese

di una grande passione per me e per qualche collega che amava
discutere. Conobbe anche Gallo in una delle ultime apparizioni
che Gallo fece in quei mesi prima della laurea. Lo portai io una
sera con noi, perché diversamente da sua sorella Sandrino
parlava dell'ubbriachezza senza farne caso, come di una
comune esperienza, e badava piuttosto a ripetere che gli
piaceva di noialtri proprio la forza, la volgarità contadina. Me
lo disse sovente, e in questo era ancora ragazzo. Io che a quel
tempo credevo di essere ormai diventato un altro, provavo un
certo disappunto.

Gallo ripartí l'indomani, di buon'ora. Rimasi solo nello
stanzone vuoto, e dal letto guardavo il tavolo sparso di piatti,
bicchieri e di pezzi di carta, nel grigio fresco del mattino.
M'intorpidiva ancora il disordine della notte, e immaginavo
Gallo sul suo treno nella campagna, socchiudendo gli occhi,
giocherellando con l'immagine di una bottiglia stagliata sul
davanzale e sul cielo. Sandrino era davvero un ragazzo intelligente; aveva riso, cantato, discusso con noi; avevamo anche
parlato con foga di certi libri. Una scampanellata mi fece
sobbalzare.

Era Sandrino, che veniva a quell'ora insolita perché non
aveva potuto dormire, e mi portava il pane e la frutta per
colazione. Mentre mi vestivo, riparlammo della serata, e
Sandrino, volto alla finestra, diceva che chiunque, vivendo a
quel modo sui tetti, doveva godersela assai. — Il male è che
s'invecchia, — dissi. — Dovevi vederci l'altr'anno, io e Gallo,
quando a quest'ora scendevamo la collina, non piú ubbriachi,
e stanchi morti.

— Eravate mattinieri, — mi disse.

— Stavamo su tutta la notte.

— Era sempre mattino per voi.

— Soltanto alle donne non va questa vita, — dissi. — Le
donne non vogliono saperne.

Sandrino aveva di bello che[8] parlava anche di donne senza
scomporsi. Disse tranquillo: — Una donna al mattino dev'essere bello, — mentr'io prendevo le ciliege per lavarle,

— Tutto si può fare al mattino, avendone voglia, — gli dissi.

— Ma dove la trovi la donna che si accontenta di mangiare quattro ciliege guardando i tetti?

Sandrino mi guardò, biondo e ammirato.

— Io preferisco le ciliege, — dissi.

Discorremmo cosí, e facemmo un po' d'ordine nella stanza. Sandrino mi disse che Gallo era un bel tipo, ma non intelligente come me. — Va bene per passarci una sera a cantare, ma non di piú —. Quando gli dissi che Gallo era stato la mia guida e maestro, sorrise lievemente — il sorriso di sua sorella.

Circa a mezza mattina sentii toccare la porta, e subito un'altra scampanellata. Sandrino disse: — Sarà Maria. Mi ha detto che passava di qua —. Obbiettai costernato: — Ma non c'è mai venuta.

— E con questo?[9] — disse Sandrino tranquillo.

Infatti era Maria, fresca e indignata per la lunga scala, che veniva a fare un sopraluogo[10] nell'antro. Storse la bocca alle bottiglie e bicchieri ammonticchiati sul davanzale e mi chiese chi scopava la stanza. — La portinaia, — dissi. Maria guardò comicamente l'uscio.

Per me quella visita fu un colpo. Sinora incontrando Maria altrove, mi ero comportato con cautela, le avevo detto soltanto le cose che potevo dirle, avevo ridotto la villania dei miei modi a una bruschezza cortese. Ma che lei ora scoprisse le sporche tracce della nostra allegria — mozziconi di sigaro, un fiasco in un angolo, ritagli di giornale incollati sui vetri — mi atterrò. Lei fu abbastanza caritatevole da elogiare la vista che si godeva sui tetti e tendermi la mano con un fresco sorriso. Disse persino: — Oh voi uomini, — ma capii che non erano stati il disordine né la sporcizia a offenderla. Pensai, quando mi lasciarono solo, che, se avesse trovato qualche traccia di donna, forse ne sarebbe stata meno urtata. Anzi, mi dissi, le avrebbe fatto piacere.

Con Sandrino non potevo sfogarmi: sarebbe stato come dirgli che volevo passare per quel che non ero. E a Maria non sapevo rinunciare: lei mi parlava in un modo diverso da come avevo conosciuto ballerine e prostitute in quell'anno. Gallo mi avrebbe detto di non fare lo scemo e ricordarmi di dove venivo,

ma di Gallo mi vergognavo, e mi vergognai di averlo fatto
conoscere a Sandrino. La mia vita era un'altra. Fortuna che
veniva l'estate.

Quando Gallo se ne andò l'ultima volta in giugno, laureato
e contento, io tirai un respiro. La stanza e le strade erano
adesso cosa mia. Scrissi a casa che cercavo un lavoro in città,
che mi lasciassero provare, perché se mi assentavo avrei perso
i contatti, necessari per dopo la laurea. Da casa mi mandarono
qualche soldo, raccomandandomi di tornare per la vendemmia.

Non potevo aver fatto questo soltanto per restare vicino a
Maria, giacché lei con Sandrino e tutti i suoi se ne andarono in
villeggiatura. La loro compagnia mi durò ancora un mese; li
vedevo quasi ogni giorno; girai con loro in bicicletta; con
Sandrino scherzavo, con lei discorrevo; fui ammesso in casa
sua. Quando venne il momento della separazione, sua madre
mi chiese se non tornavo anch'io dai miei. Le risposi che dovevo lavorare e restavo in città. E la madre disse a Sandrino, in
presenza di Maria, che prendesse esempio da me. Maria, compiaciuta, mi fece un gesto di minaccia con la mano.

Adesso ero solo. Naturalmente non trovai nessun lavoro.
Nelle torride giornate bighellonavo per le strade, specialmente
al mattino; godendomi le bande d'ombra fresca sul marciapiede
annaffiato. Spalancavo la finestra sui tetti ogni mattina, tenden-
do l'orecchio ai rumori vaghi che salivano fin lassú. Nell'aria
limpida i tetti scuri e rugosi mi parevano un'immagine della
mia nuova vita: speranze labili sopra un ruvido fondo. In
quella calma, in quell'attesa mi sentivo rinascere.

Cosí fu, per tutto luglio. Ma un pomeriggio, nell'ora che si
chiudono gli uffici, m'imbattei proprio sull'angolo di casa in un
viso noto. Dove l'avevo veduto? Si fermò anche lei. Me lo disse
lei stessa: era Giulia, l'amichetta di Gallo. Mi chiese dove
abitavo e, quando sentí ch'era là sopra, si animò tutta quanta e
voleva salirci.

— Ma io devo andare a cena.

— Andiamo a cena, — mi disse, — aspetterò quando hai finito —. Cosí quella sera Giulia salí nella mia stanza.

Era sempre la scura ragazza, magra e dal ciuffo in mezzo agli occhi, che avevo conosciuto con Gallo. Allora gli si attaccava al braccio testarda, quando non voleva andare in qualche posto. Aveva fatto la commessa e l'operaia, adesso faceva la serva. Ma la serva a giornata. Mi disse sorridendo sotto il ciuffo, che poteva fermarsi tutta la notte. Io non volevo, non posso soffrire la presenza di una donna quando mi sveglio, ma mi piacque tanto il modo come Giulia mi gettò le braccia al collo, che ci stetti.[11] Quella notte inevitabilmente venni a parlare di Gallo, e Giulia ebbe un gesto gentile: mi posò il dito sul labbro e mi fece tacere. Mi piacque, ripeto.

L'indomani, come avesse saputo i miei gusti, se ne andò di buon mattino. Io rimasi nel letto a pensare a Maria.

Con agosto le strade divennero quasi deserte. Giulia prese a salire da me nel pomeriggio. Aveva un modo di scavalcarmi furtiva e distendermisi accanto, che pareva un gatto. Parlava poco, era asciutta e muscolosa. Fu la prima donna che conobbi veramente. Al calare del giorno,[12] quando l'aria si faceva piú fresca, saltava in piedi e sfaccendava per la stanza. Allora parlottavamo. Cercai di spiegarle perché mi piaceva restare in città. Lei voleva che la portassi in campagna, almeno fino ai sobborghi: e siccome resistevo cominciò a ricordarsi di Gallo e con sorrisi maliziosi si chiedeva e mi chiedeva dove fosse a quell'ora. — È in campagna, — dicevo. Giulia allargava gli occhi e si faceva descrivere le colline, i fossati, le strade, le ragazze. Imitava con la voce il rumore che fa la catena scendendo nel pozzo, e la prendevano crisi di gaiezza in cui mi saltava addosso, quando anch'io m'ero alzato, e tornava a rovesciarmi sul letto. Era sempre vissuta in città e non aveva famiglia. — Dove dormi? — le chiesi. Cambiò discorso,[13] e il sospetto che avesse un altr'uomo per la notte mi fece quasi piacere. Voleva dire che per lei ero un capriccio, che tutti noialtri eravamo un capriccio.

Che fosse già stata l'amica di Gallo mi dava un senso di sicurezza, tanto piú che di lui parlavamo adesso come di un fratello maggiore. Lei conosceva anche l'altra, quella che Gallo aveva tenuto per due anni e quasi sposava. S'erano insieme consolate quando Gallo era partito.

— Perché, volevi sposarlo? — le chiesi.

— E chi non avrebbe voluto sposarlo? — rispose dandomi una occhiata.

Per essere come Gallo le dissi che volevo regalarle un vestito. Giulia mi fece molte carezze, e quando l'ebbe si piantò sulla porta per uscire con me. Volle andare a ballare. Queste cose piacevano a Gallo, ma a me non piacevano. Pure uscimmo nel crepuscolo tiepido, e la portai a cena. Per occupare la serata le offrii da bere. Bevemmo molto. Comprammo anche una bottiglia e ce la portammo a casa. Giulia, attaccata al mio braccio, rideva e si divincolava.

Passò cosí un'altra notte con me. Credetti di essere tornato all'anno prima, ma invece di amici e discussioni accalorate ora avevo davanti una ragazza tutta animata e compiacente. L'indomani dormimmo a lungo, e Giulia se ne andò a mezzogiorno. Nel pomeriggio arrivò con provviste e mi disse che offriva la cena. Io misi il vino.

Siccome, dopo il primo calore, con lei non sapevo piú che dire, mi piacque la trovata del bere. Non andando alla trattoria risparmiavo parecchio, e ormai cenavamo quasi sempre insieme, nella stanza, tenendoci allegri. Giulia aveva di bello che faceva del suo meglio per mantenere un po' d'ordine, e il mio risveglio avveniva sempre allo sciacquío dei piatti che Giulia prima di mezzogiorno lavava. Allora protraevo il dormiveglia, covavo il maldicapo e il malumore, fantasticavo di antiche bevute, fingendo un'immobilità ch'era soltanto del corpo. Rivedevo gli amici, Sandrino; temevo catastrofi; mi batteva il cuore nel silenzio frusciante. Lo strepito dell'acqua e di Giulia mi veniva come da distanze remote.

Un mattino toccarono l'uscio,[14] sentii voci, una scampanellata. Prima che potessi drizzarmi, l'uscio era stato aperto, e Giulia scalza, a torso nudo, con la semplice gonnella, indietreggiava davanti a Sandrino e Maria. Di Maria vidi appena la smorfia sotto il largo cappello di paglia; poi non la vidi piú.

Mentre mi vestivo a casaccio, Sandrino mi disse, abbastanza disinvolto, ch'erano tornati in città per degli acquisti e volevano invitarmi con loro in campagna. Parlando girava gli occhi sul tavolo dove c'erano ancora fiasco e bicchieri della cena. Balbettai

non so che, quando la voce di Maria, imperiosa, da dietro
la porta gridò: — Lascialo stare. Io me ne vado —. Allora
Sandrino aprí le braccia con un gesto d'impotenza e mi disse:
— Arrivederci un giorno o l'altro —. Gettò un'occhiata am-
bigua a Giulia e se ne andò.

7

LA BALLERINA DI CARTA

by

Giuseppe Dessí

Ero diventato persino un bravo scolaro, pensando alla mia ballerina di carta, come l'avevo battezzata; per quanto fossero poche due settimane di scuola per giudicare di un cambiamento cosí straordinario e inaspettato. Ero attento, volenteroso, puntuale, e non facevo nessuno sforzo, nessuna fatica: andavo agevolmente come una ballerina sul filo, e venivo a conoscenza di queste mie nuove virtú dai discorsi del babbo e del mio maestro di quinta (ero appunto passato dalla quarta alla quinta elementare,[1] quell'anno), nel corridoio della Posta, dove andavamo quasi ogni sera, perché il servizio a domicilio funzionava solo una volta al giorno. Questa seconda distribuzione era subordinata all'arrivo del trenino delle *Complementari*,[2] che godeva di un'autonomia quasi illimitata, in fatto di orari.[3] La cena qualche volta si raffreddava; ma mio padre, poco interessandosi dei fatti del paese, non poteva rinunciare, la sera, alla lettura della corrispondenza e dei giornali e non gli andava[4] di aspettare a casa il ritorno di Barbarina, la servetta che aveva l'incarico di ritirare la posta. L'andito dell'ufficio postale era il luogo di convegno delle servette del paese, e Barbarina aveva l'abitudine di star lí a chiacchierare anche dopo che il gestore aveva finito la distribuzione. Per lei erano certo piú importanti della posta, che mio padre aspettava con tanta impazienza, le notizie che raccoglieva in quel luogo meraviglioso; e tanto n'era avida che una volta dimenticò addirittura di presentarsi allo sportello. Cosí mio padre si fidava poco, e quasi sempre, dopo aver guardato l'orologio un paio di volte, si buttava il mantello sulle spalle e andava lui stesso. O meglio veniva, perché io, per ragioni del tutto diverse da quelle di Barbarina, ero anche piú puntuale di lei, alla distribuzione serale, da quando avevo spedito il mio vaglia a Milano. — E tu che fai qui? — mi diceva mio padre le prime volte, dopo aver mandato a casa la ragazza. Io non osavo rispondere che aspettavo il pacco della ballerina, ma lui capiva e mi lasciava tranquillo. .

Dopo molta insistenza ero riuscito a ottenere venti lire e venti centesimi (allora era quasi una somma) per ordinare a una ditta milanese quello straordinario giocattolo. Si trattava di una ballerina che camminava e danzava su un filo teso. Quanto piú mio padre e mia madre insistevano per dimostrarmi che doveva esserci sotto un trucco,[5] tanto piú io mi convincevo che quel trucco, di cui ammettevo naturalmente l'esistenza, doveva essere di tal natura da costituire di per sé un miracolo. L'immagine della ballerina da mesi occupava la mia fantasia, per mesi io non avevo parlato d'altro; tanto che mio padre, stanco, aveva finito per tirar fuori due pezzi d'argento e un nichelino e mi aveva aiutato a compilare il modulo del vaglia, dopo avermi fatto promettere che non avrei piú parlato della ballerinetta di carta fino a quando non fosse arrivato il pacco da Milano.

Io perciò, non rispondendo alla domanda che mi faceva con un piglio che avrebbe spaventato chiunque altro, non facevo che restare fedele ai patti.

Davanti all'ufficio postale si leva altissimo il Muraglione, che insieme con il Municipio forma quasi un'acropoli, non priva, a distanza, di una certa imponenza architettonica. L'altra bellezza del paese, sul versante opposto della Fluminera,[6] è il Palazzo arcivescovile, costruito sulle rovine dell'antico castello. Parigi ha la Torre Eiffel, Torino la Mole Antonelliana, e noi abbiamo il Muraglione e il Palazzo arcivescovile, che si vedono dalla pianura e formano un insieme caratteristico e riconoscibile, che spicca sul fondo delle pinete e nelle cartoline pubblicitarie di una locale fabbrica di liquori. Anche per me queste due costruzioni sono inseparabili, e nella mia fantasia rimangono unite da un filo invisibile che sovrasta le umili case e i tetti che digradano e risalgono nella valle colma di buio. Perché mi pare che sia sempre, sempre notte, sempre autunno, quando penso a quel tempo, e che dalla valle salga l'odore dei frantoi e lo scroscio del fiume.

È su quel filo immaginario teso nella notte che corre con i suoi piedini fatati la mia ballerina bilanciando le esili braccia.

Mentre io, sulla porta dell'ufficio postale, stavo con il naso in aria a guardare la sottile striscia di cielo chiusa tra le gronde delle case e la curva regolare e solenne del Muraglione alto e silenzioso, nel corridoio alle mie spalle si facevano le solite chiacchiere che piacevano tanto a Barbarina ma alle quali nemmeno mio padre, quando capitava lí, poteva sottrarsi. In quei giorni, ciò che teneva occupata l'attenzione di tutti era l'arrivo di un signore, un certo A., il quale aveva preso in affitto tutto intero il Palazzo arcivescovile, da molti anni disabitato. Si diceva ch'era pallido e biondo, con gli occhi celesti come un tedesco, e che non parlava mai con nessuno. Le servette dicevano anche, ridendo come pazze, che acchiappava farfalle con un'apposita rete e che distillava le erbe aromatiche che abbondano nel grande parco, che si estende fino alla strada ferrata. Dicevano anche (e il procaccia lo confermava) che un giorno era stato visto saltar giú dal muro di cinta e correre, correre lungo la strada ferrata, proprio davanti alla locomotiva che veniva su per l'erta sbuffando, per acchiappare con la sua rete una farfalla grossa come un piccione. Queste notizie arrivavano lí assurdamente travisate dalle maligne ragazze, che le imparavano, in gran parte, dalla perpetua[7] di don Libero, il Vicario, che curava gl'interessi dell'Arcivescovo e aveva perciò frequenti rapporti con il signor A.; ma venivano poi spiegate, interpretate, commentate dalle persone ragionevoli e gravi che stavano lí in attesa che il gestore avesse finito di smistare e timbrare la posta. Quei signori, cioè mio padre, l'ingegnere del Comune, il direttore delle Scuole elementari, il mio maestro, si sentivano impegnati a dimostrare al popolo che quelle stravaganze erano poi facilmente spiegabili.

Se si fosse trattato di uno di noi, di uno del paese, voglio dire, e cioè proprio del veterinario o del maestro, gli sarebbe bastato molto meno per esser preso per pazzo e messo prudentemente in luogo acconcio, ma trattandosi di un forestiero – lombardo, veneto, forse anche mezzo tedesco o austriaco – la cosa cambiava completamente. C'è da noi, per i continentali, e in particolare per gli abitanti dell'Italia settentrionale, la stessa compiaciuta indulgenza che gli abitanti di quelle ammirate regioni hanno per gli stranieri, specie se biondi. Il direttore didattico[8] una sera uscí a dire[9] che esisteva (lo aveva letto nell'*Enciclopedia*) un entomologo che si chiamava anche lui A., come il signore del Palazzo arcivescovile, e per quanto non si trattasse della stessa persona, questo spiegava la mania del signor A. di acchiappare farfalle e anche il bisogno di affittare un palazzo di trentacinque stanze, con un parco immenso, per sole quattro persone. Infatti la famiglia A. era composta del padre, della madre, e di due ragazzette, la maggiore delle quali, Sofia, frequentava la stessa scuola privata del mio fratellino.

Io contavo i bussi del timbro che il gestore manovrava con instancabile regolarità. Avevo imparato ormai quante lettere arrivavano ogni sera, presso a poco, e qualche volta indovinavo anche l'ultimo busso. Ma spesso, quando credevo di aver proprio indovinato, quello ricominciava. E ricominciava il cicaleccio delle ragazze. L'ultima stravaganza del signor A. le esilarava in modo particolare, e anche il direttore didattico aveva pochi argomenti, mio padre e l'ingegnere ridacchiavano in chiave di basso, gli altri rimanevano perplessi. Per mezzo di don Libero, il signor A. si era procurato, pagandola profumatamente, una di quelle macine da grano che in antico si trovavano in tutte le case, accanto alla cucina, se non addirittura in cucina. Si trattava, per intenderci, di una specie di grosso macinino di granito, o meglio di quella pietra vulcanica detta comunemente dell'isola,[10] azionato da un asinello. Lo stravagante signore aveva fatto installare la macina nell'atrio del Palazzo, proprio ai piedi dello scalone d'onore. Oltre alla macina s'era poi procurato, sempre per mezzo del Vicario, un asinello di giusta misura, cioè grande quanto un cane, per farla girare; e perché non girasse a vuoto, due carri di grano. Le ragazze si scompisciavano, e mio padre fece fatica,[11] quella sera, a mandare a casa Barbarina. Cosa c'era di straordinario,

diceva il direttore alzando la voce contro quelle screanzate; ma un
signore dabbene come il signor A., uno scienziato, un forestiero
innamorato dei costumi nobilissimi della nostra terra, voleva
farsi il pane in casa alla paesana! Gridava addirittura, e le
servette lo guardavano zitte, con gli occhi tondi. Anche mio
padre e l'ingegnere finirono per dargli ragione.

Sembrò invece inspiegabile anche al direttore quello che
accadde il giorno dopo. C'entrava però don Libero.[12] Si diceva
che don Libero, il Vicario, circa un'ora prima, o un'ora e mezza
al massimo, fosse uscito agitatissimo dal Palazzo e fosse andato
dritto dal fornaio a chiedere un pugno di lievito e un tovagliolo
di bucato, e poi, avvolto[13] quel pugno di lievito nel tovagliolo,
fosse tornato in tutta fretta al Palazzo. Questo strano gesto confermava l'ipotesi del direttore, che il signor A. volesse restaurare l'economia curtense[14] e farsi il pane in casa, ma restava
inspiegabile il contegno di don Libero. Era il maestro che raccontava, non le servette. Don Libero, tornando al Palazzo,
teneva il lievito non proprio avvolto nel tovagliolo, ma *sotto* il
tovagliolo, in un modo tale che, a dispetto della fretta precipi-
tosa, aveva indotto molte donne, che si eran trovate sul suo
passaggio, a inginocchiarsi e a segnarsi.

Quella sera si parlò molto della cosa, ma la spiegazione si ebbe
solo il giorno dopo; e che il lievito fosse[15] semplicemente lievito,
niente altro che puro e semplice lievito di pane, si seppe dallo
stesso don Libero. Anzi lo raccontò proprio a mio padre e a
mia nonna, in casa nostra, dopo che il signor A. fu portato dove
sarebbe stato bene portarlo molto prima di allora. Perché la
moglie e le due bambine e lo stesso Vicario erano usciti vivi
solo per un miracolo dalle sue mani.

Lo vidi anch'io, quando lo portavano via. La strada era
piena di gente, le donne strillavano. In mezzo a due carabinieri,
che lo tenevano per le braccia, impacciati dalle lunghe sciabole,
il signor A., scalzo, con i suoi capelli biondi dritti sulla testa,
camminava rinculoni. Solo così era disposto a camminare.
Aveva deposto docilmente il fucile quando si erano presentati

i carabinieri, avvertiti dalla perpetua del Vicario, la quale aveva atteso inutilmente per tutta la notte il ritorno del padrone. Per tutta la notte don Libero era rimasto, con la signora A. e con le due bambine, sotto la minaccia di quel fucile spianato.[16]

— Ma voi intanto cosa diavolo facevate? — chiese severamente mia nonna al Vicario. Il Vicario esitò un momento, ma poi lo disse: intrideva la farina. Sí, intrideva la farina e il lievito, inginocchiato per terra, con le maniche rimboccate. E la signora A., anche lei carponi, girava attaccata alla macina, al posto del ciuchino, e la bambina piú grande, Sofia... Sí, quello che udii raccontare mi agghiacciò il sangue, aprí un abisso sotto i miei piedi, come se io mi sentissi ora al posto del signor A. Per tanto tempo avevo vagheggiato nella mente, con la fantasia, la mia ballerina di carta! Quante volte l'avevo fatta andare, leggera come una farfalla, dalla cima della torre del Municipio al piú alto comignolo del Palazzo arcivescovile su un invisibile filo! Ebbene su una corda tesa, tra la prima rampa dello scalone d'onore e una colonna avrebbe dovuto, secondo il signor A., camminare la bambina. Noi ascoltavamo il racconto del Vicario con un brivido. — Sembrava una sonnambula... —, diceva don Libero guardando nel vuoto al di sopra delle nostre testa. — La corda tesa a quattro metri d'altezza sul pavimento di marmo... e la bambina andava, andava, con i suoi piedini nudi... —.
— Ma voi insomma cosa facevate, voi!... — scattò mia nonna alzandosi. — Io pregavo —, disse il Vicario con aria colpevole.
Io chiusi gli occhi. Vedevo quel filo teso nella notte.

8

LA MADRE

by

Natalia Ginzburg

La madre era piccola e magra, con le spalle un po' curve; portava sempre una sottana blu e una blusa di lana rossa. Aveva i capelli neri crespi e corti, li ungeva sempre con dell'olio perché non stessero tanto gonfi; ogni giorno si strappava le sopracciglia, ne faceva due pesciolini neri che guizzavano verso le tempie; s'incipriava il viso di una cipria gialla. Era molto giovane; quanti anni avesse loro non sapevano ma pareva tanto piú giovane delle madri dei loro compagni di scuola; i ragazzi si stupivano sempre a vedere le madri dei loro compagni, com'erano grasse e vecchie. Fumava molto e aveva le dita macchiate dal fumo; fumava anche la sera a letto, prima d'addormentarsi. Dormivano tutti e tre insieme, nel grande letto matrimoniale con la trapunta gialla; la madre stava dal lato della porta, sul comodino aveva una lampada col paralume fasciato d'un cencio rosso, perché la notte leggeva e fumava; certe volte rientrava molto tardi, i ragazzi si svegliavano allora e le chiedevano dov'era stata: lei quasi sempre rispondeva: — Al cinema —, oppure: — Da una mia amica —; chi fosse quest'amica non sapevano perché nessuna amica era mai venuta a casa a trovare la madre. Lei diceva loro che dovevano voltarsi dall'altra mentre si spogliava, sentivano il fruscío veloce degli abiti, sui muri ballavano ombre; s'infilava nel letto accanto a loro, magro corpo nella fredda camicia di seta, si mettevano discosti da lei perché sempre si lamentava che le stavano addosso e le davano calci nel sonno; qualche volta spegneva la luce perché loro s'addormentassero[1] e fumava zitta nell'ombra.

La madre non era importante. Era importante la nonna, il nonno, la zia Clementina che abitava in campagna e arrivava ogni tanto con castagne e farina gialla;[2] era importante Diomira,

la serva, era importante Giovanni, il portinaio tisico che faceva
delle sedie di paglia; tutte queste persone erano molto importanti per i due ragazzi perché erano gente forte di cui ci si
poteva fidare, gente forte nel permettere e nel proibire,[3] molto
bravi in tutte le cose che facevano e pieni sempre di saggezza e
di forza; gente che poteva difendere dai temporali e dai ladri.
Ma se erano soli in casa con la madre i ragazzi avevano paura
proprio come se fossero stati soli; quanto al permettere e al
proibire lei non permetteva né proibiva mai nulla, al massimo si
lamentava con una voce stanca: — Non fate tanto chiasso
perché io ho mal di testa —, e se le domandavano il permesso di
fare una cosa o l'altra lei subito rispondeva: — Chiedete alla
nonna —, oppure diceva prima no e poi sí e poi no ed era
tutta una confusione. Quando uscivano soli con la madre si
sentivano incerti e malsicuri perché lei sempre sbagliava le
strade e bisognava domandare al vigile e aveva poi un modo
cosí buffo e timido di entrare nei negozi a chiedere le cose da
comprare, e nei negozi dimenticava sempre qualcosa, i guanti o
la borsetta o la sciarpa, e bisognava ritornare indietro a cercare
e i ragazzi avevano vergogna.

La madre teneva i cassetti in disordine e lasciava tutte le cose
in giro e Diomira al mattino quando rifaceva la stanza brontolava contro di lei. Chiamava anche la nonna a vedere e insieme
raccoglievano calze e abiti e scopavano via la cenere che era
sparsa un po' dappertutto. La madre al mattino andava a fare la
spesa: tornava e sbatteva la rete sul tavolo di marmo in cucina e
pigliava la sua bicicletta e correva all'ufficio dov'era impiegata.
Diomira guardava tutto quello che c'era nella rete, toccava gli
aranci a uno a uno e la carne, e brontolava e chiamava la nonna
a vedere com'era brutta la carne. La madre ritornava a casa alle
due quando loro tutti avevano già mangiato e mangiava in
fretta col giornale appoggiato al bicchiere e poi filava via in
bicicletta di nuovo all'ufficio e la rivedevano un momento a
cena, ma dopo cena quasi sempre filava via.

I ragazzi facevano i compiti nella stanza da letto. C'era il
ritratto del padre, grande, a capo del letto, con la quadrata
barba nera e la testa calva e gli occhiali cerchiati di tartaruga, e

poi un altro suo ritrattino sul tavolo, con in collo il minore dei
ragazzi. Il padre era morto quando loro erano molto piccoli,
non ricordavano nulla di lui: o meglio c'era nella memoria del
ragazzo piú grande l'ombra d'un pomeriggio lontanissimo, in
campagna dalla zia Clementina: il padre lo spingeva sul prato
in una carriola verde; aveva trovato poi qualche pezzo di quella
carriola, un manico e la ruota, in soffitta dalla zia Clementina;
nuova era una bellissima carriola e lui era felice di averla; il
padre lo spingeva correndo e la sua lunga barba svolazzava.
Non sapevano niente del padre ma pensavano che doveva
essere del tipo di quelli che son forti e saggi nel permettere e
nel proibire; la nonna quando il nonno o Diomira si arrab-
biavano contro la madre diceva che bisognava aver pietà di lei
perché era stata molto disgraziata e diceva che se ci fosse stato
Eugenio, il padre dei ragazzi, sarebbe stata tutt'un'altra donna,
ma invece aveva avuto quella disgrazia di perdere il marito
quando era ancora tanto giovane. C'era stata per un certo
tempo anche la nonna paterna, non l'avevano mai veduta perché
abitava in Francia ma scriveva e mandava dei regalini a Natale:
poi aveva finito col morire perché era molto vecchia.
      A merenda mangiavano castagne, o pane con l'olio e l'aceto,
e poi se avevano finito il compito potevano scendere a giocare in
piazzetta o fra le rovine dei bagni pubblici, saltati in aria[4] in un
bombardamento. In piazzetta c'erano molti piccioni e loro gli
portavano[5] del pane o si facevan dare da Diomira[6] un cartoccio
di riso avanzato. Là s'incontravano con tutti i ragazzi del
quartiere, compagni di scuola e altri che ritrovavano poi al
ricreatorio[7] la domenica, quando facevano le partite al pallone
con don Vigliani che si tirava su la sottana nera e tirava calci.
Anche in piazzetta a volte giocavano al pallone o giocavano a
ladri e carabinieri. La nonna di tanto in tanto si affacciava al
balcone e gridava di non farsi male: era bello vedere dalla
piazza buia le finestre illuminate della casa, là al terzo piano, e
sapere che si poteva ritornare là, scaldarsi alla stufa e difendersi
dalla notte. La nonna sedeva in cucina con Diomira e ram-
mendavano le lenzuola; il nonno stava nella stanza da pranzo e
fumava la pipa col berretto in testa. La nonna era molto grassa,

vestita di nero, e portava sul petto un medaglione col ritratto
dello zio Oreste che era morto in guerra: era molto brava a
cucinare le pizze[8] e altre cose. La nonna li prendeva qualche
volta sulle ginocchia, anche adesso che erano abbastanza grandi;
era grassa, aveva un grande petto tutto molle; si vedeva da sotto
lo scollo dell'abito nero la grossa maglia di lana bianca col
bordo a festoni che si era fatta da sé. Li prendeva sulle ginocchia
e diceva nel suo dialetto delle parole tenere e come un poco
pietose; e poi si tirava fuori dalla crocchia una lunga forcina di
ferro e gli puliva le orecchie, e loro strillavano e volevano
scappare e veniva sulla porta il nonno con la sua pipa.

Il nonno era prima professore di greco e di latino al liceo.
Adesso era in pensione e scriveva una grammatica greca: molti
dei suoi antichi studenti venivano ogni tanto a trovarlo,
Diomira allora doveva fare il caffè; c'erano al cesso fogli di
quaderno con versioni dal latino e dal greco, con le sue cor-
rezioni in rosso e blu. Il nonno aveva una barbetta bianca, un
po' come quella d'una capra, e non bisognava far chiasso
perché lui aveva i nervi stanchi da tanti anni che aveva fatto la
scuola; era sempre un po' spaventato perché i prezzi crescevano
e la nonna doveva sempre un po' litigare con lui al mattino,
perché si stupiva sempre del denaro che ci voleva; diceva che
forse Diomira rubava lo zucchero e si faceva il caffè di nascosto
e Diomira allora sentiva e correva da lui a gridare, il caffè era
per gli studenti che venivano sempre; ma questi erano piccoli
incidenti che si quetavano subito e i ragazzi non si spaventavano, invece si spaventavano quando c'era una lite fra il
nonno e la madre; succedeva certe volte se la madre rientrava
molto tardi la notte, lui allora veniva fuori dalla sua stanza col
cappotto sopra il pigiama e a piedi scalzi, e gridavano lui e
la madre: lui diceva: — Lo so dove sei stata, lo so dove sei
stata, lo so chi sei —, e la madre diceva: — Cosa me ne importa —, e diceva: — Ecco, guarda che m'hai svegliato i bambini —, e lui diceva: — Per quello che te ne importa dei tuoi
bambini.[9] Non parlare perché lo so chi sei. Una cagna sei. Te ne
corri in giro la notte da quella cagna pazza che sei —.[10] E
allora venivano fuori la nonna e Diomira in camicia e lo

spingevano nella sua stanza e facevano: «Sss, sss» e la madre
s'infilava nel letto e singhiozzava sotto le lenzuola, i suoi alti
singhiozzi risuonavano nella stanza buia: i ragazzi pensavano
che il nonno certo aveva ragione, pensavano che la madre
faceva male a andare al cinema e dalle sue amiche la notte. Si
sentivano molto infelici, spaventati e infelici, se ne stavano
rannicchiati vicini nel caldo letto morbido e profondo, e il
ragazzo piú grande che era al centro si stringeva da parte per
non toccare il corpo della madre: gli pareva che ci fosse qualcosa di schifoso nel pianto della madre, nel guanciale bagnato:
pensava: «Un ragazzo ha schifo di sua madre quando lei
piange». Di queste liti della madre col nonno non parlavano
mai fra loro, evitavano accuratamente di parlarne: ma si
volevano molto bene tra loro e stavano abbracciati stretti la
notte quando la madre piangeva: al mattino si vergognavano un
po' uno dell'altro, perché si erano abbracciati cosí stretti come
per difendersi e perché c'era quella cosa di cui non volevano
parlare; d'altronde si dimenticavano presto d'essere stati infelici, il giorno cominciava e sarebbero andati a scuola, e per la
strada avrebbero trovato i compagni e giocato un momento
sulla porta di scuola.

Nella luce grigia del mattino, la madre si alzava: col sotta-
bito arrotolato alla vita, s'insaponava il collo e le braccia stando
curva sulla catinella:[11] cercava sempre di non farsi vedere da
loro ma scorgevano nello specchio le sue spalle brune e scarne
e le piccole mammelle nude: nel freddo i capezzoli si facevano
scuri e sporgenti, sollevava le braccia e s'incipriava le ascelle:
alle ascelle aveva dei peli ricciuti e folti. Quando era tutta
vestita cominciava a strapparsi le sopracciglia, fissandosi nello
specchio da vicino e stringendo forte le labbra: poi si spalmava
il viso d'una crema e scuoteva forte il piumino di cigno color
rosa acceso e s'incipriava: il suo viso diventava allora tutto
giallo. Certe volte era abbastanza allegra al mattino e voleva
parlare coi ragazzi, chiedeva della scuola e dei compagni e
raccontava qualcosa del tempo che lei era a scuola: aveva una
maestra che si chiamava «signorina Dirce» ed era una vecchia
zitella che voleva fare la giovane. Poi s'infilava il cappotto e

pigliava la rete della spesa, si chinava a baciare i ragazzi e correva via con la sciarpa avvolta intorno al capo e col suo viso tutto profumato e incipriato di cipria gialla.

I ragazzi trovavano strano d'esser nati da lei. Sarebbe stato molto meno strano nascere dalla nonna o da Diomira, con quei loro grandi corpi caldi che proteggevano dalla paura, che difendevano dai temporali e dai ladri. Era molto strano pensare che la loro madre era quella, che lei li aveva contenuti un tempo nel suo piccolo ventre. Da quando avevano saputo che i bambini stanno nella pancia della madre prima di nascere, si erano sentiti molto stupiti e anche un po' vergognosi che quel ventre li avesse contenuti un tempo. E anche gli aveva dato il latte con le sue mammelle: e questo era ancora piú inverosimile. Ma adesso non aveva piú figli piccoli da allattare e cullare, e ogni giorno la vedevano filare via in bicicletta dopo la spesa, con uno scatto libero e felice del corpo. Lei non apparteneva certo a loro: non potevano contare su di lei. Non potevano chiederle nulla: c'erano altre madri, le madri dei loro compagni, a cui era chiaro che si poteva chiedere un mondo di cose; i compagni correvano dalle madri dopo ch'era finita la scuola e chiedevano un mondo di cose, si facevano soffiare il naso e abbottonare il cappotto, mostravano i compiti e i giornaletti: queste madri erano abbastanza vecchie, con dei cappelli o con delle velette o con baveri di pelliccia e venivano quasi ogni giorno a parlare con il maestro: erano gente come la nonna o come Diomira, grandi corpi mansueti e imperiosi di gente che non sbagliava: gente che non perdeva le cose, che non lasciava i cassetti in disordine, che non rientrava tardi la notte. Ma la loro madre filava via libera dopo la spesa, del resto faceva male la spesa, si faceva imbrogliare dal macellaio, molte volte anche le davano il resto sbagliato: filava via e non era possibile raggiungerla lí dov'era, loro in fondo l'ammiravano molto quando filava via: chi sa com'era quel suo ufficio, non ne parlava spesso: doveva battere a macchina e scriver lettere in francese e in inglese: chi sa, forse in questo era abbastanza brava.

Un giorno ch'erano andati a fare una passeggiata con don Vigliani e con altri ragazzi del ricreatorio, al ritorno videro la madre in un caffè di periferia. Stava seduta dentro il caffè, la videro dai vetri, e un uomo era seduto con lei. La madre aveva posato sul tavolo la sua sciarpa scozzese e la vecchia borsetta di coccodrillo che conoscevano bene: l'uomo aveva un largo paltò chiaro e dei baffi castani e parlava con lei sorridendo: la madre aveva un viso felice, disteso e felice, come non aveva mai a casa. Guardava l'uomo e si tenevano le mani, e lei non vide i ragazzi: i ragazzi continuarono a camminare accanto a don Vigliani che diceva a tutti di far presto perché bisognava prendere il tram: quando furono in tram il ragazzo piú piccolo si avvicinò al fratello e gli disse: — Hai visto la mamma —, e il fratello disse: — No, non l'ho vista —. Il piú piccolo rise piano e disse: — Ma sí che l'hai vista, era proprio la mamma e c'era un signore con lei —. Il ragazzo piú grande volse via la testa: era grande, aveva quasi tredici anni: il fratello minore lo irritava perché gli faceva pena, non capiva perché ma gli faceva pena, aveva pena anche di sé e non voleva pensare a quella cosa che aveva visto, voleva fare come se non avesse visto nulla.

Non dissero niente alla nonna. Al mattino mentre la madre si vestiva il ragazzo piccolo disse: — Ieri quando siamo andati a fare la passeggiata con don Vigliani ti abbiamo vista e c'era anche quel signore con te —. La madre si volse di scatto, aveva un viso cattivo: i pesciolini neri sulla sua fronte guizzarono e si congiunsero insieme. Disse: — Ma non ero io. Figúrati. Devo stare in ufficio fino a tardi la sera, lo sai. Si vede che vi siete sbagliati —. Il ragazzo grande disse allora, con una voce stanca e tranquilla: — No, non eri tu. Era una che ti somigliava —. E tutti e due i ragazzi capirono che quel ricordo doveva sparire da loro: e tutti e due respirarono forte per soffiarlo via.

Ma l'uomo dal paltò chiaro venne una volta a casa. Non aveva il paltò perché era estate, aveva degli occhiali azzurri e un vestito di tela chiara, chiese il permesso di levarsi la giacca mentre pranzavano. Il nonno e la nonna erano andati a Milano a incontrarsi con certi parenti e Diomira era andata al suo paese, loro dunque erano soli con la madre. Venne allora quell'uomo. C'era un pranzo abbastanza buono: la madre aveva comprato quasi tutto alla rosticceria: c'era il pollo con le patate fritte e questo veniva dalla rosticceria: la madre aveva fatto la pastasciutta,[12] era buona, solo la salsa s'era un po' bruciata. C'era anche del vino. La madre era nervosa e allegra, voleva dire tante cose insieme: voleva parlare dei ragazzi all'uomo e dell'uomo ai ragazzi. L'uomo si chiamava Max ed era stato in Africa, aveva molte fotografie dell'Africa e le mostrava: c'era la fotografia d'una sua scimmia, i ragazzi gli chiesero molto di questa scimmia; era cosí intelligente e gli voleva bene e aveva un fare cosí buffo e carino[13] quando voleva avere una caramella. Ma l'aveva lasciata in Africa perché era malata e aveva paura che morisse nel piroscafo. I ragazzi fecero amicizia con questo Max. Lui promise di portarli al cinema una volta. Gli mostrarono i loro libri, non ne avevano molti: lui chiese se avevano letto *Saturnino Farandola* e loro dissero di no e disse che gliel'avrebbe regalato, e poi anche *Robinson delle praterie*[14] perché era molto bello. Dopo pranzo la madre disse loro di andare al ricreatorio a giocare. Avrebbero voluto rimanere ancora con Max. Protestarono un poco ma la madre e anche Max dissero che dovevano andare; e la sera quando ritornarono a casa non c'era piú Max. La madre preparò in fretta la cena, caffelatte e insalata di patate: loro erano contenti, volevano parlare dell'Africa e della scimmia, erano straordinariamente contenti e non capivano bene perché: e anche la madre pareva contenta e raccontava delle cose, una scimmia che aveva visto ballare sull'organetto una volta. Poi disse loro di coricarsi e disse che sarebbe uscita per un momentino, non dovevano aver paura, non c'era motivo; si chinò a baciarli e disse che era inutile raccontare di Max al nonno e alla nonna perché loro non avevano mai piacere che s'invitasse la gente.

Dunque rimasero soli con la madre per alcuni giorni: mangiavano delle cose insolite perché la madre non aveva voglia di cucinare, prosciutto e marmellata e caffelatte e cose fritte della rosticceria. Poi lavavano i piatti tutti insieme. Ma quando il nonno e la nonna tornarono i ragazzi si sentirono sollevati: c'era di nuovo la tovaglia sulla tavola a pranzo e i bicchieri e tutto quello che ci voleva: c'era di nuovo la nonna seduta nella poltrona a dondolo col suo corpo mansueto e col suo odore: la nonna non poteva scappar via, era troppo vecchia e troppo grassa, era bello avere qualcuno che stava in casa e non poteva mai scappar via.

I ragazzi alla nonna non dissero nulla di Max. Aspettavano il libro di *Saturnino Farandola* e aspettavano che Max li portasse al cinema e mostrasse altre fotografie della scimmia. Una volta o due chiesero alla madre quando sarebbero andati al cinema col signor Max. Ma la madre rispose dura che il signor Max adesso era partito. Il ragazzo piú piccolo chiese se non era forse andato in Africa. La madre non rispose nulla. Ma lui pensava che certo era andato in Africa a ripigliarsi la scimmia. S'immaginava che un giorno o l'altro venisse a prenderli a scuola, con un servo negro e con la scimmia in collo. Ricominciarono le scuole e venne la zia Clementina a stare un po' da loro; aveva portato un sacco di pere e di mele che si mettevano a cuocere in forno col marsala e lo zucchero. La madre era molto di cattivo umore e litigava di continuo col nonno. Rientrava tardi la notte e stava sveglia a fumare. Era molto dimagrita e non mangiava nulla. Il suo viso si faceva sempre piú piccolo, giallo; adesso anche si dava il nero alle ciglia, sputava dentro una scatoletta e con uno spazzolino tirava su il nero lí dove aveva sputato; metteva moltissima cipria, la nonna voleva levargliela col fazzoletto e lei scostava via il viso. Non parlava quasi mai e quando parlava pareva che facesse fatica, la sua voce veniva su debole. Un giorno tornò a casa nel pomeriggio verso le sei: era strano, di solito rientrava molto piú tardi: si chiuse a chiave nella stanza da letto. Il ragazzo piú piccolo venne a bussare perché aveva bisogno d'un quaderno: la madre rispose da dentro con una voce arrabbiata, che voleva dormire e la lasciassero in pace: il ragazzo spiegò timidamente che gli serviva il quaderno;[15] allora venne ad aprire e aveva la faccia tutta gonfia e bagnata: il ragazzo capí che stava piangendo, tornò dalla nonna e disse: — La mamma piange, — e la nonna e la zia Clementina parlarono a lungo sottovoce tra loro, parlavano della madre ma non si capiva cosa dicevano.

Una notte la madre non ritornò a casa. Il nonno venne molte
volte a vedere, scalzo, col cappotto sul pigiama; venne anche
la nonna e i ragazzi dormirono male, sentivano la nonna e il
nonno che camminavano per la casa, aprivano e chiudevano le
finestre. I ragazzi avevano molta paura. Poi al mattino telefona-
rono dalla questura: la madre l'avevano trovata morta in un
albergo, aveva preso il veleno, aveva lasciato una lettera: andarono il nonno e la zia Clementina, la nonna urlava, i ragazzi
furono mandati al piano di sotto da una vecchia signora che
diceva continuamente: — Senza cuore, lasciare due creature
cosí —. La madre la riportarono a casa. I ragazzi andarono a
vederla quando l'ebbero distesa sul letto: Diomira le aveva
messo le scarpe di vernice e l'aveva vestita col vestito di seta
rossa di quando s'era sposata: era piccola, una piccola bambola
morta.

Riusciva strano vedere fiori e candele nella solita stanza.
Diomira e la zia Clementina e la nonna stavano inginocchiate a
pregare: avevan detto che s'era preso il veleno per sbaglio,
perché se no il prete non veniva a benedirla, se sapeva che
l'aveva fatto apposta. Diomira disse ai ragazzi che la dovevano
baciare: si vergognavano terribilmente e la baciarono uno dopo
l'altro sulla gota fredda. Poi ci fu il funerale, durò molto,
traversarono tutta la città e si sentivano molto stanchi: c'era
anche don Vigliani, poi c'erano tanti ragazzi della scuola e del
ricreatorio. Faceva freddo, al cimitero tirava un gran vento.
Quando tornarono a casa, la nonna si mise a piangere e a
gridare davanti alla bicicletta nell'andito: perché pareva proprio
di vederla quando filava via, col suo corpo libero e la sciarpa che
svolazzava nel vento: don Vigliani diceva che adesso era in
Paradiso, perché lui forse non sapeva che l'aveva fatto apposta,
o lo sapeva e faceva finta di niente:[16] ma i ragazzi non sapevano
bene se il Paradiso c'era davvero, perché il nonno diceva di no,
e la nonna diceva di sí, e la madre una volta aveva detto che
non c'è il Paradiso, con gli angioletti e con la bella musica, ma
da morti si va[17] in un posto dove non si sta né bene né male, e
dove non si desidera nulla, e siccome non si desidera nulla ci si
riposa e si sta molto in pace.

I ragazzi andarono in campagna per qualche tempo dalla zia
Clementina. Tutti erano molto buoni con loro, e li baciavano e
li accarezzavano, e loro avevano molta vergogna. Non parlarono
mai della madre fra loro, e neppure del signor Max; nella
soffitta della zia Clementina trovarono il libro di *Saturnino
Farandola* e lo lessero e trovarono che era bello. Ma il ragazzo
piú grande pensava tante volte alla madre, come l'aveva vista
quel giorno al caffè, con Max che le teneva le mani e con un viso
cosí disteso e felice; pensava allora che forse la madre aveva
preso il veleno perché Max era forse tornato in Africa per
sempre. I ragazzi giocavano col cane della zia Clementina, un
bel cane che si chiamava Bubi, e impararono ad arrampicarsi
sugli alberi, perché prima non erano capaci. Andavano anche a
fare il bagno nel fiume, ed era bello tornare la sera dalla zia
Clementina e fare i cruciverba tutti insieme. I ragazzi erano
molto contenti di stare dalla zia Clementina. Poi tornarono a
casa dalla nonna e furono molto contenti. La nonna sedeva
nella poltrona a dondolo, e voleva pulir loro le orecchie con le
sue forcine. La domenica andavano al cimitero, veniva anche
Diomira, compravano dei fiori e al ritorno si fermavano al bar a
prendere il ponce caldo. Quando erano al cimitero, davanti
alla tomba, la nonna pregava e piangeva, ma era molto difficile
pensare che le tombe e le croci e il cimitero c'entrassero per
qualche cosa con la madre,[18] quella che si faceva imbrogliare
dal macellaio e filava via in bicicletta, e fumava e sbagliava le
strade e singhiozzava la notte. Il letto era ora molto grande per
loro, e avevano un guanciale per uno. Non pensavano spesso
alla madre perché faceva un po' male e vergogna pensarci. Si
provavano a volte a ricordare com'era, in silenzio ciascuno per
conto suo: e si trovavano a mettere insieme sempre piú fatico-
samente i capelli corti e ricciuti e i pesciolini neri sulla sua
fronte e le labbra: metteva molta cipria gialla, questo lo
ricordavano bene; a poco a poco ci fu un punto giallo, impossibile riavere la forma delle gote e del viso. Del resto adesso
capivano che non l'avevano amata molto, forse anche lei non li
amava molto, se li avesse amati non avrebbe preso il veleno,
cosí avevano sentito che diceva Diomira e il portinaio e la

signora del piano di sotto e tanta altra gente. Gli anni passavano e i ragazzi crescevano e succedevano tante cose e quel viso che non avevano molto amato svaniva per sempre.

9

IN ESILIO

by

Giorgio Bassani

C'è sempre stato qualcosa che mi ha impedito di diventare veramente amico di Marco Giori, il figlio del signor Amleto Giori, noto proprietario di Ambrogio. (Ambrogio è il nome di un paese).

Il primo inciampo è venuto dalla differenza di età.

Nel 1930, quando Marco aveva venti anni, io ne avevo soltanto quattordici. Portavo ancora i calzoni corti, andavo in giro con una Bianchi da turismo[1] al cui manubrio avevo applicato, «per bellezza», tanto di pennoncello tricolore:[2] non ero che un *putin*,[3] insomma, in tutto e per tutto.

Marco Giori, viceversa, già a quell'epoca era uno dei piú appariscenti giovanotti della città. Alto, elegante, atletico, coi capelli biondo-cenere spartiti da un lato della fronte sfuggente, alla Cary Grant, gli occhi color dell'acciaio, sembrava stranamente un inglese, un giovane *gentleman* inglese. Come potevo pretendere, benché lo desiderassi moltissimo, che lui avesse un minimo di considerazione per me?

Sta il fatto[4] che quando passavo per corso Giovecca[5] sulla mia Bianchi da turismo, e scorgevo di lontano l'alta figura dinoccolata di Marco spiccare in un gruppo di amici a lui coetanei, mi andava via, di colpo, perfino il coraggio di buttare là un «ciao».[6] Loro, i giovanotti che andavano già a morosa, e di cui Marco era per me il piú importante, quello che piú di ogni altro colpiva la mia immaginazione, stavano di solito raccolti a semicerchio attorno a qualche automobile ferma accanto al marciapiede. Erano, per lo piú, macchine straniere, macchine di turisti. Assorti a valutarne da intenditori pregi e difetti – e vedevo talora Marco appoggiare pensierosamente il piede ad una delle gomme anteriori –, era davvero assurdo, da parte mia, sognare di essere ricambiato magari con un semplice sguardo.

Piú tardi, altre cose hanno continuato a dividerci, a far sí che in tutti questi anni, ogni volta che ho cercato di guadagnarmi la sua confidenza, da lui non mi siano venute che cortesi, ironiche, ma al tempo stesso fermissime ripulse.

Per esempio: all'università, quando anch'io ci sono arrivato, mi sono iscritto in Lettere.[7] Ora bisogna ricordare che Ferrara non è Bologna, dove la letteratura ci sta di casa.[8] Da noi, gli uomini di lettere sono guardati un po' come i preti. Riveriti, omaggiati, senza dubbio: sempre però da una certa distanza.

E dopo? Dopo mi sono sposato, ho avuto dei figli, sono andato via da Ferrara, sono ritornato, sono ripartito di nuovo. Non è che nella vita io presuma di aver combinato molto. Comunque mi sono dato da fare, come dicono qui a Roma, ho lavorato, ho vissuto.

E invece lui, Marco Giori, che a venti anni guidava la macchina, ed anzi, nel '30, era riuscito a persuadere suo padre a comperargli una Bugatti[9] azzurra, da corsa (ebbe subito un incidente lungo il vialone di Monselice,[10] e il «grimo»,[11] da allora, non volle piú sentir parlare di automobili); lui che, a sentirlo, non vedeva l'ora di piantare Ferrara, per andare a vivere a Parigi, a Londra, a New York: lui invece è rimasto là, in provincia, senza avere nemmeno la forza di prendere la laurea in agraria, a guardare dal marciapiede le macchine dei turisti di passaggio, e a invecchiare aspettando che il padre si decidesse a morire e a lasciargli le terre.

Fin da ragazzo, mi ha sempre stupito la dissomiglianza tra Marco e suo padre. Fra loro, col tempo, qualcosa di comune doveva poi affiorare, come vedremo. Venticinque anni fa, tuttavia, non sembravano parenti nemmeno alla lontana.

Lasciamo stare come andavano vestiti: Marco all'inglese, già l'ho detto, che sembrava uscito da una rivista di mode maschili, mentre il vecchio, con la sua mantella, il cappelluccio di feltro abbassato sui piccoli occhi di porcellana azzurra, lo stuzzicadenti incastrato perennemente fra le labbra sottili, le grosse scarpe di vacchetta nera (si vestiva male sperando di impietosire l'agente delle tasse – dicevano di lui a Ferrara), non si distingueva in nulla da un comune mediatore di terreni: di quelli che il lunedí e il giovedí affollano, oggi come ieri, piazza della Cattedrale e corso Martiri della Libertà.

Ma anche nel fisico, quale differenza fra l'uno e l'altro! Basso, corto di braccia e di gambe, la pelle del viso e del collo intensamente abbronzata dal sole dei campi (piuttosto che pelle, pareva cuoio grasso), si sarebbe detto che Amleto Giori appartenesse addirittura a una razza diversa.

Non ho mai conosciuto di persona la madre di Marco, la signora Carmen.

So che morí nel '39 di anemia perniciosa, e, rimasta l'intera vita confinata ad Ambrogio – un pugno di poveri tetti contadini acquattati sotto l'argine destro del Po, a trenta chilometri da Ferrara–, non mise piede in città una volta sola. Forse è a lei, soltanto a lei, che Marco assomigliava. Veneta, credo di Vicenza, dicono che fosse alta, bionda, slanciata, di aspetto straordinariamente aristocratico. Tale e quale come[12] il figlio, appunto.

Fino a pochi mesi fa, ad ogni modo, non avevo mai visto nemmeno Ambrogio. Dovevo capitarci per caso, una sera dell'autunno scorso, di ritorno con degli amici romani da una gita sul Delta.

La macchina attraversava a passo d'uomo la grande piazza sbilenca e semideserta del paese. Saranno state le sei. Contavamo di cenare a Ferrara: c'era tempo, dunque, per fermarci all'unico bar del luogo a prendere qualcosa.

Insomma siamo scesi, siamo entrati nel bar (una osteriaccia, veramente: una specie di scantinato, con radi avventori seduti in silenzio, il cappello in testa, davanti al quartino), ordinando ad alta voce chi un espresso, chi un bicchiere di *Bosco*,[13] chi una gazosa.

La tazzina del caffè alle labbra, mi sono messo quindi a guardare fuori, oltre la soglia. In pochi minuti, la piazza si era fatta ancora piú grigia e spenta: una superficie vasta ed informe, prossima a essere cancellata dal buio imminente.

Quand'ecco, in fondo alla piazza, pressoché contigua allo squallido chiesone parrocchiale, ho notato improvvisamente una casa. Non si trattava di una catapecchia come le altre, ma di una villetta borghese, a due piani, la facciata coperta d'edera, un piccolo balcone sporgente sopra l'uscio d'ingresso, un giardino davanti: il tutto difeso da una robusta cancellata di ferro verniciato.

Ho veduto la casa, le sbarre di ferro padronali. E subito, senza nemmeno chiedere all'assonnata donnina di mezza età che stava dietro il banco se quella laggiú, accanto alla chiesa, fosse proprio la casa dei signori Giori, ma al tempo stesso sicuro di non sbagliarmi, subito mi è venuta in mente la mamma di Marco. Fin da ragazzo, ricordavo, avevo sempre sentito raccontare di lei e del marito le cose piú strane. Non meno brutale che avaro, lui la teneva segregata come una prigioniera, non permettendole di uscire neppure la domenica, per recarsi a messa. Tanto che gli abitanti di Ambrogio (il novantacinque per cento braccianti analfabeti, del resto!), non avevano potuto mai vederla altro che di lontano, attraverso le sbarre del cancello, i rarissimi pomeriggi d'estate che scendeva in giardino o a leggere o a ricamare.

Guardavo la casa e pensavo a Marco, anche. Negli ultimi tempi ero tornato a Ferrara sempre piú di rado: ne mancavo da due anni. Forse nel frattempo il *grimo* era morto – mi dicevo –, e lui, appena aveva potuto metter le mani sull'eredità paterna, si era affrettato a vendere ogni cosa: le terre, la casa di Ambrogio, tutto. Chissà dove era, adesso. Forse a Parigi, forse a Londra, forse a New York, dandosi senza piú freni alla vita di lusso e di piacere che aveva sempre sognato. Chissà che un giorno o l'altro non lo incontrassi io stesso a Roma, in via Veneto.[14] Me l'auguravo, ed era già come se lo vedessi realmente. Staccatosi ad un tratto dalla soglia dell'*Excelsior*, dove alloggiava, accorreva verso di me sorridendo, finalmente, con la mano tesa e un felice, libero «ciao» sulle labbra.

Cancello, porta d'ingresso e finestre chiusi, magari sprangati all'interno, la villetta appariva vuota, disabitata.

Uscimmo dal bar-osteria, dirigendoci verso la macchina. Per sgranchirci le gambe indolenzite, l'avevamo lasciata dalla parte opposta al caffè, di fianco al sagrato della chiesa. Il suono della campana dell'Angelus si spandeva accoratamente nell'aria della sera.

Sul sagrato, la berretta sulla nuca e le braccia conserte, un prete bruno, pallido, corpulento, stava conversando con due uomini, uno giovane e uno vecchio. Vedendoci sopraggiungere, smisero di parlare e si volsero insieme.

Riconobbi subito, nei due, Marco Giori e suo padre: di certo ottantenne, quest'ultimo, un po' curvo, ma piú vivo e adusto che mai, e, come sempre, col suo bravo stuzzicadenti in bocca.

— Ciao —, feci, alzando la mano, non senza che risentissi, sia pure lievissimamente, l'antico batticuore.

Amleto Giori portò la mano al cappello e si scoprí. Il parroco si inchinò leggermente.

Mi parve che Marco esitasse un momento. Quindi si staccò dagli altri e venne verso di me.

— Come mai da queste parti? —, chiese calmo, a bassa voce, piegando le labbra nel ghigno sardonico di una volta.

Ancora prima che gli rispondessi, fu lui, tuttavia, a spiegarmi la ragione per la quale si trovava lí, ad Ambrogio. Il «papà», disse, aveva piú di ottant'anni. Mica che fosse ammalato, per carità. Non aveva mai neanche un raffreddore, «grazie a Dio», però non ce la faceva piú a mandare avanti l'azienda da solo,[15] come aveva fatto sempre.

— Capirai, sono cinquecento ettari...—

Lo osservavo, e non sapevo che cosa pensare. Era vestito senza nessuna cura: con una vecchia giacca di lana color tabacco, dalle tasche sformate, e certi calzoni di flannella grigia, lisi e rigonfi ai ginocchi, che chissà da quanto tempo non erano stati stirati.

Di salute stava bene, comunque. Si era irrobustito, ingrossato: un uomo di quasi cinquant'anni, ormai.

E mentre lo presentavo in giro agli amici, vidi che la pelle del collo gli si era venuta solcando, con l'età, di rughe profonde. Era una pelle spessa, cotta dal sole, quasi nera.

Ricordava il cuoio, sí, proprio il cuoio grasso.

10

I POVERI

by

Carlo Cassola

Arrivata alla scaletta, si fermò un momento, come per darsi il coraggio sufficiente a compiere quella visita penosa. Il quartiere si stendeva sotto di lei con la sua selva di tettucci rossi, irti di abbaini e di comignoli. Sulla destra, era limitato dalle mura; sulla sinistra, da una grande frana bianca di detriti d'alabastro, risalita trasversalmente da un sentierino.

Prima di iniziare la sua attività di Visitatrice,[1] la signorina non ci aveva mai messo piede. Ora non c'era giorno, si può dire, che non si avventurasse in quel dedalo di vicoli e di scalette. L'inverno prima per il gelo era caduta, proprio in quel punto dove stava passando adesso, e s'era lussata una spalla. Le case erano quasi tutte senza intonaco; avevano finestre piccole, quadrate, con pentole e barattoli di gerani sui davanzali.

— Buonasera, signorina, — disse una donna seduta sullo scalino di una porta. Si teneva sulle ginocchia una bambina di cinque o sei anni.

La signorina si sentí in dovere di fermarsi:

— Come sta vostro marito? — chiese alla donna.

— Come vuole che stia?[2] — rispose quella. Era bruna, ancor giovane, dalle forme piene: sarebbe stata una bella donna, se non avesse avuto il viso butterato. — Sono sei mesi che è fuori dal lavoro. Come si può stare, in queste condizioni?

— Ma di salute come sta?

— Di salute, starebbe discretamente...[3] Alle volte le notte ha un po' di affanno.

— Quello non vi deve preoccupare, — disse la signorina. — Io vedo che gli alabastrai, dal piú al meno, un po' d'asma ce l'hanno tutti. L'essenziale è che non abbia piú avuto attacchi di cuore. Non ne ha piú avuti, vero?

— No, quelli no, — rispose la donna.

— Mi fa piacere, — disse la signorina. — Sapete, la salute è la prima cosa. Per il resto... il Signore provvede sempre.

— La salute è la prima cosa, ma anche il lavoro... — Bruscamente la donna mise da parte la bambina e si alzò: — Sono sei mesi, capisce? che in casa nostra entrano solo i soldi del sussidio...[4]

— Sí, sí, capisco, — si affrettò a dire la signorina.

— Ha fatto domanda da dieci parti, ma dappertutto ha avuto la stessa risposta. E sí che[5] mio marito, lei lo conosce? non è per nulla esigente. Si adatterebbe a far qualsiasi lavoro, pur di portare il pane a casa.

— Neanche alla cooperativa dei boscaioli gli hanno dato speranza? — disse la signorina. — Io, ricordo, parlai col signor Puccianti, e mi promise...

— Sí, sí, belle speranze gli hanno dato alla cooperativa. Prima di tutto, siamo nella stagione morta, e non c'è da pensare ad assumere nuovi operai. Bisogna lasciar passare l'estate, cosí gli hanno detto, e poi, in autunno, si vedrà. Già, e noi d'estate cosa si mangia? Sono queste le risposte da dare a un padre di famiglia? — La donna aveva alzato la voce: — Ma come si fa ad andare avanti in questo modo? Me lo dica lei, signorina, come si fa ad andare avanti? Ma cosa vogliono, che uno si metta a rubare per portare un tozzo di pane alla famiglia? La signorina si era tirata leggermente indietro. La mettevano a disagio, quasi le incutevano paura quegli occhi spiritati, quella faccia pustolosa, quel tono di voce aspro. Dalla porta accanto s'era affacciata una donnetta, assisteva alla scena.

— Be'... ora mi dispiace, ma devo andare, — disse finalmente la signorina. — Speriamo che vostro marito possa trovar lavoro presto.

— Lo so io cosa bisognerebbe sperare, — fece la donna cupa. La signorina aspettò ansiosa il seguito. — In un'epidemia, bisognerebbe sperare: in un'epidemia che ci levasse dal mondo, me, quel disgraziato del mio marito e questa creatura.

La signorina non poté frenare un moto di sollievo: aveva temuto che la donna uscisse fuori con qualche discorso sovversivo.[6] Non sarebbe stata la prima volta che ne sentiva fare ad alta voce, in quel quartiere dove ogni tanto comparivano anche scritte sui muri. — Non dovete parlare cosí, — disse. — Bisogna sempre sperare nell'aiuto del Signore —. È riprendendo il tono autorevole che le era abituale: — Sentite una cosa, piuttosto: dove sta Chiorboli? Quel muratore che ha la moglie malata?

— Qui di sotto, — rispose la donna, che era ricaduta nell'indifferenza. — L'ultima casa del vicolo. Vai ad accompagnarla, Tatiana.

— Non importa, grazie, — si schermí la signorina; ma la bimba le s'era messa al fianco. Presero a destra per una scaletta, quindi imboccarono un vicolo cieco. La bimba la accompagnò fino alla porta:

— Sta al secondo piano, — disse, e svelta se ne tornò indietro.

— Grazie, cara, — fece le signorina.

Salí su per la scaletta buia. Al primo piano la porta era spalancata, si vedeva una cucina in disordine, con un bimbo di cinque o sei anni nudo in piedi su una sedia accostata all'acquaio; la madre lo stava lavando, il bimbo piagnucolava. «Potrebbero almeno chiudere la porta», pensò la signorina. Quello che piú la irritava nei poveri era la mancanza di pudore. Salí la seconda rampa e si trovò davanti a una porta. Al buio cercò il campanello o un battente, senza trovarlo; stava per chiamare, quando si accorse che la porta era soltanto socchiusa. La spinse ed entrò in una cucina, anch'essa al buio.

— Permesso, — disse. Le rispose una voce, o meglio un lamento. — Sono la signorina Verdi. Vengo da parte delle Visitatrici.

— Avanti, signorina, avanti, — piagnucolò la voce.

Tastoni la signorina attraversò la stanza e spinse una porta. Subito fu colpita da un odore acre di sudore e di orina. Andò alla finestra e la spalancò. — Ah, — disse sollevata. — Un po' d'aria fa sempre bene, — aggiunse rivolta all'inferma.

Questa era una donna grassa, col faccione rosso sudato. Stava sollevata sul letto, con la schiena appoggiata a due cuscini senza le federe.

La signorina diede un'occhiata al lenzuolo, che era piuttosto sporco, quindi si rivolse alla donna:

— Quant'è che siete malata?[7] — domandò.

— Un anno, — rispose la donna; — ma allettata proprio, un mese.

— E ora come vi sentite? Un po' meglio?

— Ma che dice, signorina; mi sembra di perdere le forze ogni giorno di piú. Le gambe le ho gonfie, se vedesse... Se non c'è qualcuno che mi aiuta, non sono nemmeno capace di alzarmi per orinare.

— Si capisce, a stare a letto si diventa deboli. Chi è il vostro medico, il dottor Carboni? — L'inferma fece cenno di sí. — Cosa dice, quanto vi ci vorrà per rimettervi?[8]

— Il dottore, senta, prima di tutto non viene mai; e quando viene, non dà per nulla soddisfazione.

La signorina le rivolse qualche altra domanda (ormai, con la sua doppia pratica di infermiera e di visitatrice, ne sapeva quanto un medico), quindi prese la scatola di iniezioni che era sul comodino e la considerò per un momento.

— Di queste, quante vi ha detto di farne? Una ogni giorno?

— Una ogni due giorni, — rispose l'inferma. — Viene a farmele una donna...

— Ma chi vi assiste? Vostro marito, immagino, sarà sempre fuori per lavoro, ma non avete qualche persona... che so, una sorella, una cognata?

— Ho una cognata, la moglie di mio fratello; ma si figuri, sta in campagna, ha quattro figlioli, non ha davvero il tempo di assistere me.[9] Se ho bisogno di qualcosa, do una voce a questa famiglia di sotto. Ma poi sto tutto il tempo sola, si immagini un po', signorina... Sto qui sola, ad aspettare la morte..., — e la donna cominciò a piangere chetamente.

— Via, non avvilitevi, — disse la signorina. — Il vostro stato non è grave, avete solo bisogno di un po' di compagnia per risollevarvi il morale. Ora mi dispiace che debbo andare, ma vi prometto di tornare presto a farvi una visita.

Quando fu arrivata in cima ai centotrenta scalini, la signorina emise un sospiro di sollievo. Non era solo il sollievo fisico che fosse finita la salita: era anche il sollievo spirituale che fosse finita la vista di quelle miserie.

Arrivata in chiesa, guardò subito verso il primo banco a sinistra, dove si metteva sempre la marchesa Lastrucci; e la vide infatti, col cappellino e la veletta; ma scorse anche la nobildonna Ormanni, e allora sedette sulla prima panca libera, accanto a una donnetta dagli occhi rossi, che biascicava il rosario. Di lí a un minuto[10] entrò il sacerdote, e la funzione ebbe inizio.

In ginocchio, col viso nascosto fra le mani, la signorina diceva una dopo l'altra le preghiere, ma il suo pensiero era altrove. Ripensava ai suoi poveri, e in un modo non proprio benevolo. Quella donna che aveva il marito disoccupato, tanto per cominciare,[11] era tutta ingioiellata. «È cosí, sono zingari, quando il marito lavora e guadagna, spendono fino all'ultimo centesimo; non pensano a metter qualcosa da parte». Quanto all'inferma, su lei magari non trovava nulla da ridire; ma possibile che la lasciassero in tale abbandono? Il marito, magari, finito il lavoro se ne andava all'osteria, invece di tornarsene a casa. E quella cognata che non s'era fatta viva una volta, in tutto il tempo della malattia?

Fuori di chiesa trovò la marchesa, che si era liberata della Ormanni. La marchesa si sorprese di vederla:

— Oh, — disse, — credevo che non fossi venuta. Sai, pensavo che avessi fatto tardi...

— No, no, sono arrivata in tempo. Ma ti ho vista con quella lí...

— Cosa c'è di nuovo? — la interruppe la Lastrucci.

— Nulla c'è di nuovo, cara Maria, — rispose la signorina con enfasi. — Sempre le solite cose, miserie, malattie, spettacoli di degradazione materiale e morale...

Rimasero ancora a parlare per qualche minuto, e la signorina ebbe modo di dire altre frasi alate; ma intanto non perdeva d'occhio la lattaia, che se ne stava sulla porta della bottega. Aveva capito che voleva parlarle, e aveva capito anche che si trattava di una raccomandazione per il cognato. Ma stasera era

troppo stanca per ascoltarla. Perciò, appena la vide occupata
con un avventore, si affrettò a prender congedo dall'amica. Si
abbracciarono e si baciarono, come tutte le sere; quindi la
marchesa, appoggiandosi al bastone, si avviò pesantemente
verso la piazza. Dal canto suo la signorina entrò svelta nel
portone.

Una volta in casa si cambiò, poi passò nella stanza che le
serviva da ufficio, da salottino da lavoro e da sala da pranzo. Era
una stanza piccola, e non certo piú allegra delle altre, perché
dava su un cortiletto che era un vero e proprio pozzo, dove il
sole non scendeva mai. Inoltre era la piú frigida della casa. Ma
tant'è,[12] in quella stanza la signorina passava le sue giornate.
Il mobilio consisteva in uno scrittoio, una poltroncina di
vimini, un'altra sedia, una credenza e due scaffali su cui erano
allineati i pochi libri che la signorina possedeva: Vite di Santi,
altri volumi di argomento religioso, e poi tutte le pubblicazioni
del Touring Club, di cui era socia da molti anni. La signorina
non aveva mai avuto l'abitudine di leggere molto. Viaggiare,
questo sí, le sarebbe piaciuto; ma essendo sola, non se n'era
potuto levare la voglia. Piú che altro aveva approfittato dei
pellegrinaggi per vedere un po' di mondo. E durante la guerra,
era stata infermiera a Salonicco.[13]

Prima di cena, ebbe tempo di scrivere una lettera. Dopo
mangiato, sfilò dalla fascetta *L'Osservatore Romano*,[14] che le
arrivava con la posta della sera. Stava leggendo delle perse-
cuzioni religiose nel Messico, quando suonò il campanello. —
Vittoria, — chiamò la signorina. Vittoria stava rigovernando e
siccome era un po' sorda non sentí. Con un'espressione sofferente, la signorina andò lei ad aprire. Era la lattaia. La signorina accentuò l'espressione sofferente.

La lattaia si scusò di essere venuta a quell'ora, ma disse,
durante il giorno era sempre occupata col negozio... — Un minuto solo, signorina —. La signorina la fece passare nel salottino, ma non le disse di sedere. — Venivo per quel mio cognato, — riprese la donna. — Lei sa, quello che è infermiere
all'ospedale... — La signorina disse che ricordava benissimo.
Era stata lei stessa ad adoperarsi perché fosse assunto.[15]

Si trattava di questo: ora che il capo infermiere aveva raggiunto i limiti di età,[16] si sarebbe liberato un posto nell'organico: era l'occasione propizia per far entrare in pianta stabile il cognato. C'era un altro aspirante, che aveva meno anzianità e che inoltre era scapolo. Ma, a quanto risultava a suo cognato,[17] aveva l'appoggio del Fascio...[18]

— Capisce, signorina: se mio cognato potesse entrare in pianta stabile, sarebbe tutta un'altra cosa. Intanto, la paga verrebbe a essergli quasi raddoppiata, e poi avrebbe la sicurezza per l'avvenire... Perché un avventizio può essere sempre mandato via da un momento all'altro. Basta che cambi il direttore... — Non soltanto il cognato aveva diritto perché piú anziano e per il carico di famiglia; ma era anche un lavoratore, che all'ospedale si era fatto benvolere, tanto dai malati che dalle suore... — Non chiediamo mica un favoritismo, signorina; chiediamo il giusto. Provi a domandarlo alle suore, se sono contente di lui...

— È vero che maltratta la moglie? — disse improvvisamente la signorina. — Mi hanno detto anche che la picchia.

La lattaia rimase sconcertata; ma si riprese subito:

— In famiglia, questo è vero, non vanno tanto d'accordo. Ma, cosa crede? la colpa di tutto, è la miseria. Quando un uomo porta a casa centoventicinque lire la quindicina, e con quelle deve pagare l'affitto, la luce, il carbone, e dar da mangiare a quattro bocche, lei capisce che i soldi non possono bastare. E allora, per forza, lui è di cattivo umore, la moglie lo stesso, e le occasioni dei litigi sono facili.

— Ma voi un po' d'aiuto glielo date.

— Qualcosa, certo, gli diamo, — disse la donna, — dopo tutto si tratta di mia sorella, dei bambini di mia sorella... E mio marito, è il primo lui a dire: Aiutiamoli. Come se fossero parenti suoi...

La signorina promise che ci avrebbe messo una buona parola.

— La porta, la trova da sé, — disse interrompendo i ringraziamenti della lattaia.

Passò di cucina a dir qualcosa alla donna, e si ritirò in camera.

La camera era piccola, imbiancata a calce; e a differenza delle altre stanze, era semplice e nuda. In camera la signorina aveva appunto voluto ispirarsi a una nudità francescana. La chiamava «la mia celletta». Dalla ringhiera del letto di ferro pendeva un ramo d'olivo; sopra il cassettone una stampa a colori raffigurava San Francesco nell'atto di ricevere le Stimmate.

La signorina si spogliò, si tolse lo scapolare, infilò la camicia da notte, poi davanti allo specchio del cassettone sciolse i lunghi capelli ormai grigi. Quindi si coricò e spense la luce.

Mentre le sue labbra mormoravano i Pater, gli Ave, i Gloria e i Requiem, e poi la preghiera speciale composta dal Papa per le Terziarie, la sua mente era occupata altrove. Dal vicolo venivano voci e risate. Per l'appunto lí sotto c'era una bettola. Ancora voci, ancora risate, poi una sonora bestemmia.

«Sono proprio bestie», pensò la signorina. Si voltò su un fianco. Era ormai vicina ad addormentarsi, quando si ricordò che anche quel giorno aveva pensato male e sparlato della Ormanni. Si disse che doveva tenerlo a mente per la confessione.

11

LE VISIONI DI FRA GELSOMINO

by

Luigi Santucci

Gelsomino, uomo pio, vestí l'abito per una storia curiosa a narrarsi. Era morto di decrepitezza il somaro del convento e il padre guardiano, imbattutosi nel nostro galantuomo che menava la Secca per la cavezza, gli aveva messa una mano sulla spalla:

— Figliolo, codesto tuo ciuco farebbe comodo alla comunità di noi poverelli[1] per la cerca del frumento, e io ti domando se per una ragionevole somma saresti disposto a venderlo. —

Era Gelsomino assai timorato di Dio, ma altrettanto affezionato alla sua bestia, epperciò rispose:

— Padre santo, benché povero che sono io sarei lieto di lasciarvi la bestia senz'alcun compenso, e Dio mi vede se mentisco. Ma quest'animale è la mia sola compagnia e dico che a separarmene mi si romperebbe il cuore. —

— Sia fatta la volontà del Cielo — disse il frate; e sospirando girò le spalle. Ma fatti che ebbe pochi passi cominciò il miracolo, perché la Secca, anziché andare con Gelsomino, prese a seguitare il padre guardiano su per l'erta che menava al convento. L'afferrò il padrone pel barbazzale e si provò con tutti gli argomenti a farle mutare idea. E tira, e tira: ma ognuno sa che gli asini son parenti dei muli, per cui tutto il sudore e le lagrime di Gelsomino non valsero[2] ad arrestare la bestia che s'arrampicava dietro la tonaca del frate. Cosí fu che Gelsomino, trascinato dall'asina, si trovò al convento.

Quivi la Secca ricevette il basto e la gualdrappa del defunto predecessore e Gelsomino un bellissimo sajo quasi nuovo che s'intonava a meraviglia con la sua barba verdastra. Il padre guardiano fece al nostro uomo un oculato esame sulla vocazione, lo informò dei voti e degli impedimenti canonici,[3] e Gelsomino promise che sarebbe divenuto il miglior frate questuante da san Francesco in poi e la Secca la migliore di tutte le somare prima e dopo san Francesco.

Quell'estate, infatti, la cerca del frumento andò a gonfie vele. Al primo bruzzolo dell'alba Gelsomino e Secca sortivan dal convento a passo di carica e pestavan la rugiada dei prati ancor tiepidi di sonno, verso la gran giornata.

Facevano insieme miglia e miglia, ingolfati nella pulverulenta estate: mangiando stradoni mulattiere e sentieri, saltando fossati e guadando fiumi; e andavano di casolare in casolare a cercar frumento.

Fra Gelsomino recitava il rosario a voce alta, tacendo la seconda parte delle avemarie perché la Secca potesse in cuor suo rispondere; del che l'innocente converso non dubitava, dopo la miracolosa vocazione a monacarsi di cui la bestia aveva dato prova.

Nella contrada tutti volevan bene a Gelsomino e Secca, e ogni uscio dove il fraticello bussasse[4] eran staiate di frumento e un boccale di vin fresco per ristorare il questuante.

— Non vi dolgono i piedi, fra Gelsomino? — chiedevan le donne.

Rispondeva che un giorno o l'altro se li sarebbe fatti ferrare come gli zoccoli della sua bestia. Costei rimaneva fuori, sull'aia, col muso nella fontana per annegarvi i mosconi che vi avevan messo radici, fra la pusilla curiosità delle galline; mentre il padrone lodava il raccolto e Maria Vergine, dava qualche buon consiglio ai benefattori che si lagnavano dei loro guai, e annaffiato il gorgozzule ripartiva asciugandosi la barba.

E di nuovo strade, di nuovo sole, e polvere e mosconi, e miglia e rosari.

— Un bicchiere, fra Gelsomino? — invitavano le massaie a ogni tappa, dalle loro fresche cucine. Fra Gelsomino a ogni tappa aveva sete quanto, diceva, Cristo sulla croce. E rispondeva: — Perché no? —.

Ora accadeva un fatto: che in fondo a quei bicchieri (fosse[5] la gratitudine o fosse l'ispiratrice energia del succo di Noè[6]) fra

Gelsomino trovava portentosi consigli pei benefattori; i quali lo tenevano in conto di oracolo, specie quelli delle ultime case dove il pellegrino giungeva vispo e loquace come un fringuello.

— Fra Gelsomino, debbo venderlo codesto campicello? —

— Fra Gelsomino, che mi consigliate contro i vermi del mio terzogenito? —

— Fra Gelsomino, spiegatemi questo sogno, datemi notizie di mio figlio soldato, fate grandinare sul raccolto del mio confinante... —

Fra Gelsomino beveva e azzeccava. Nei casi incerti usciva a consultare la Secca, e non sbagliava mai. E la sua fama di veggente s'era sparsa in tutta la contrada.

Sull'imbrunire, con due sacconi pieni da scoppiare sulla groppa, la Secca accompagnava al convento fra Gelsomino, attaccato alla coda. Benché carica e stremata la brava bestia imbroccava sempre il cammino piú diritto per rincasare e andava sicura rimorchiandosi dietro il nostro uomo, sicché sembrava una strana bestia a sei gambe, di cui due alquanto malferme.

L'ombre serotine scendevano come un balsamo sulla gran piaga bruciante di quella giornata canicolare e un venticello fantasma circolava tra filo e filo nella barba del frate facendo cessare l'essudazione della sua fronte imperlata. Era dolce, ai monaci che avevan preceduto Gelsomino, riconoscere l'odor della notte, risalire quelle valli pirateggiate dal demonio, volgendo loro le spalle con un brivido di paura nelle reni; e pensare al sicuro asilo là in cima, il refettorio dei frati con la minestra, il pane e quel bel silenzio. Essi sentivano il Tentatore ronzare in quell'ora che si sgretolava e disporre le sue invisibili reti per la gran caccia notturna; e come chi tema d'esser sorpreso dal coprifuoco in una città occupata dal nemico, s'affrettavano al convento, ove la loro anima avrebbe precipitosamente alzato il ponte levatoio per chiuder fuori il peccato. Ma Gelsomino non provava nulla di tutto questo. Egli era allegrissimo: e se avesse incontrato il Maligno con tanto di corna,[7] gli avrebbe dato una manata sulla spalla e avrebbe avuto anche

per lui un infallibile consiglio per farne un avventurato galantuomo.[8]

La fama di Gelsomino e dei suoi avveduti consigli giunse
infine anche alle orecchie del padre guardiano. Costui, che lo
vedeva rincasare ogni sera con tutto quel bendidio, l'aveva
assai caro, e l'avrebbe lui pure tenuto in conto di santocchio se
una sera, scambiandosi i frati il bacio della pace come vuole il
rito d'una certa cerimonia, non si fosse accorto che l'alito del
confratello odorava non precisamente di santità. E siccome il
padre guardiano era un santo e i santi capiscono al volo tante
cose, chiamò il suo uomo in parlatorio e gli disse soltanto:
— Figliolo, voi avete preso troppo alla lettera quel passo della
nostra regola che dice: il frate mangi e beva ciò che gli vien
messo dinnanzi.[9] Fu il vino, e non lo Spirito Santo, a sciogliervi
troppo la lingua e codesta è opera del demonio. Onde io vi
consiglio di far penitenza, e per non mettere piú in tentazione
la vostra sobrietà d'oggi in poi con l'asina ci anderà un altro. —
Gelsomino baciò la mano al giudice, piangendo di confusione
e ringraziandolo del giusto castigo.

Ma in vallata, fra i clienti dell'avvocato Gelsomino, le cose
non andarono cosí lisce. Tutte le profezie del fraticello si erano
una dopo l'altra avverate; miserie e malanni eran spariti da
ogni tetto ove il pellegrino s'era trattenuto a dissetarsi. Si
gridava ormai al santo[10] e le comari[11] favoleggiavano di visioni
che Gelsomino godeva a tu per tu con Gesú Cristo[12] e Maria
Vergine, assisi in nuvole d'oro come in carrozze cherubiche, e
sulle quali, quando tutti dormivano, a lui era concesso di salire
familiarmente a perorare le cause dei benefattori.

Ci si figuri in qual modo venne accolto il successore di fra
Gelsomino quando si presentò con la sua faccia nuova e la
Secca che ogni cinque passi s'impuntava. Non gli riuscí di
racimolare un chicco di frumento e si buscò invece molte male
parole e qualche sasso. Poi, visto chè le gerarchie del convento
erano irremovibili e fra Gelsomino non sortiva dalla sua clausura,
tutta la valle si mise in sciopero religioso: nessuno andò piú alla
Messa e ai Sacramenti, i neonati furon lasciati senza battesimo,

i fidanzati senza matrimonio, e persino i morti impararon ad andare al camposanto da soli senza il prete.

Finí anche l'estate. Dalla sua cella Gelsomino vide le prime rondini infreddolite cancellarsi nel cielo come una manciata di coriàndoli neri. In quei suoi giorni astemi, tutti uguali come i grani d'un rosario, era tornato un uomo sciapo e stralunato che purgava il suo fallo inghiottendo lagrime e saliva. Aspettava il ritorno della Secca dal lavoro per rigovernarla con ogni cura, e spesso trovava nelle orecchie della compagna un biglietto accartocciato di qualcuno che gli chiedeva consiglio. Ma fra Gelsomino non sapeva leggere.

Fu un triste e magro autunno pel convento, assediato dal rancore della popolazione che lo ricattava con l'empietà e con la fame. La chiesa deserta di fedeli, la dispensa vuota. Sotto la novena di Natale di padre guardiano capitolò. Bussò alla cella di Gelsomino una notte che nevicava, e reggeva pel collo due fiaschi di vino:

— Figlio mio — disse — per la Messa di mezzanotte io voglio la chiesa piena. Scendete in pianura e convincete le vostre pecorelle che tornino all'ovile. — E gli mescé da bere con un lungo eloquente sospiro e lo lasciò solo coi due fiaschi.

Ma Gelsomino non vi bagnò neppure le labbra. E non le bagnò nemmeno nei cento boccali che gli tesero le sue pecorelle in pianura quando, sull'alba, lo videro comparire con la Secca, carichi entrambi di neve come spazzacamini del Cielo.

— È tornato fra Gelsomino... — dicevano. Fra Gelsomino toccava il rame delle cucine, le pannocchie di granturco appese al. chiodo, le teste dei bambini cresciuti un palmo, come un convalescente uscito da un gran letto ove credeva di morire.

Per nove giorni durò la bufera di neve e per nove giorni Gelsomino e Secca si avventurarono in quella valle scomunicata e, dicesi,[13] compirono anche qualche miracolo.

Alla Messa di mezzanotte tutta la popolazione stipò la chiesa carica di doni sotto i mantelli e non aveva occhi che per il pulpito ove, come aveva promesso, fra Gelsomino sarebbe salito a fare, in quel Natale, la sua prima predica. Ma quando s'affacciò aveva una faccia tirata da far paura e le mani in

testa:[14] e invece di parlar della nascita del Salvatore prese a
balbettare fra i singhiozzi che pregassero per l'anima della
Secca.

Lo strapparono giú i frati, zuppo di lagrime; il padre
guardiano, prigioniero dietro la balaustra a celebrare sotto una
sfolgorante pianeta, si mordeva la barba e invocava i fulmini
dell'Altissimo su quel frate ubriaco. Vero è che l'asina di
Gelsomino era passata all'immortal secolo, poco prima della
mezzanotte, di polmonite; e i fedeli vollero sfilare nella stalla
a darle l'ultimo saluto, e qualcuno le tagliò un poco di criniera
per serbarla come reliquia.

Fra Gelsomino riprese il vizio di bere, ma per poche settimane; ché sulla fine del gennaio il Signore ebbe pietà di quel
vedovo e lo chiamò dietro l'orme della sua compagna, come
già una volta sulle rampe del convento, stavolta in Paradiso.
Fece, del resto, una santa morte, vestito del suo sajo sul lettic-
ciolo coi frati intorno, e una folla fuor del convento che pregava
col cappello in mano in una limpida giornata di ghiaccioli. Ebbe
mirifiche visioni: gli apparve, in un occhiello del cielo, la
Secca con una raggiera di luce sulle orecchie, e san Francesco
vicino che la pasceva con le sue stesse mani piene di una biada
d'oro.

12

LA MIA UNIVERSITÀ

by

Nino Palumbo

Era uno dei primi giorni di febbraio. La neve, dopo quella di Natale, solamente quel mattino era caduta di nuovo. Bianca, soffice, grossa. Il piede entrava dentro con piacere, specie dove nessuno l'aveva ancora messo. Uscii di casa che potevano essere le otto e mezzo di sera.[1] Fu una fuga. Da giorni non riuscivo ad andare avanti. Ogni sera tentavo di fare un passo avanti con Dante,[2] ma non mi riusciva. Seduto al tavolo tondo che fungeva anche da tavola da pranzo per la mia famiglia, tentavo tutte le sere di leggere qualche canto della Divina Commedia, ancora dell'Inferno; ma tutte le volte, dopo una mezz'ora, mi davo per vinto. I miei,[3] poco lontano, aggruppati intorno alla stufa a carbone, parlavano dei fatti capitati durante la giornata. Mio fratello del suo lavoro di fattorino di calzoleria, le due mie sorelline delle loro lezioni di scuola elementare, mia madre e mio padre delle loro preoccupazioni di padre e di madre, la casa, il freddo, la spesa. Non riuscivo a seguire ciò che leggevo, benché mi sforzassi d'isolarmi. Mi pareva di riuscire, ma per un verso, due versi; poi di nuovo nell'orecchio il ronzio delle loro parole, al quale s'univa la disperazione di non riuscire a capire ciò che Dante diceva.

Avevo una vecchia Divina Commedia. Era arrivata a casa mia molti anni prima in modo singolare. Appena potei, me la presi allora, la nascosi e poi mio padre non me la chiese piú, visto che io ero l'unico che tentavo d'adoperarla. Il commento era antico, mi rimandava sempre ad un «Anonimo»[4] o ad un «Boccaccio»[5] e soprattutto citava molto spesso «La Vita Nova», l'amore di Dante, la sua poesia amorosa. Cosí s'era andato maturando in me il convincimento che, prima della Commedia dovessi leggere e studiare almeno questa vita.

Quella sera uscii fra la sorpresa dei miei. Mio padre e mia madre mi videro cosí deciso che non mi domandarono neppure dove andassi. Solamente mia madre mi ricordò che alle dieci il portone[6] si chiudeva.

Camminai col desiderio d'arrivare a scoprire e conoscere questo romanzo di Dante, e con lo stato d'animo di dare alla vicenda d'amore una trama tutta mia particolare. I piedi intanto affondavano nella neve. Ma non sentivo freddo. Piazza Verziere, piazza Duomo, via Cordusio, via Dante. La volontà mi conduceva dove, uscendo di casa, non sapevo ancora. Piazza Castello. Da settimane rimuginavo quel pensiero. Avevo saputo da Gaetano, il meccanico, il primo amico di mio fratello a Milano, che lí c'era la biblioteca, e che era aperta anche di sera. Ci avevo pensato spesso, ma mai per decidermi ad andarvi. Credevo che fosse un palazzo vietato ai ragazzi, adatto solamente per i grandi, per gli istruiti, per i preparati. Quella sera però, man mano che m'avvicinavo, sentivo crescermi dentro una decisione, nuova, ferma.

Ma dove fosse, non sapevo con precisione. Gaetano m'aveva detto solamente: — Al Castello Sforzesco[7] ci puoi trovare tutti i libri che vuoi —.

Arrivai all'ingresso e vidi tutto chiuso, buio. Gli alberi alti in giro, fin dove potevo arrivare con l'occhio, coperti di neve, e neve per terra, bianca, proprio un lenzuolo che colpiva di piú[8] in quel buiore uniforme.

Ebbi un momento di sconforto e anche di dispetto. Tornarmene indietro senza aver almeno scoperto dove fosse questa biblioteca mi spiaceva. Sulla possibilità di mettere gli occhi addosso alla «Vita Nuova» di Dante, cominciavo a non credere piú. Tuttavia almeno vedere, sapere, dove avrei potuto rifugiarmi se la sera non fosse stato possibile rimanere a casa mia.

Stavo tentando di leggere alcuni cartelli in ferro appesi alle porte del Castello, quando sentii dietro dei passi. Era un signore, piuttosto piccolo, anziano. Lo abbordai subito.

— Scusi, sa dov'è la biblioteca del Castello? —. Mi guardò piuttosto sorpreso. Fece: — Qui. E aspettò che dicessi qualche altra cosa. Ma io lo guardavo e gli facevo comprendere che non avevo capito.

— Apre alle nove. Fra qualche minuto.

Girai lungo il vallone dalla parte dell'Arena. Qui la neve era piú alta e il piede entrava dentro fino alla caviglia. Era proprio bianca, in certi momenti mi pareva che mandasse un rumore come di tarlo, ma che non mi spiaceva. Volevo arrivare a biblioteca aperta. Domandare m'aveva già dato fastidio, anche farmi vedere in attesa m'avrebbe dato fastidio. Poi quell'essere guardato con curiosità. Va bene che avevo un cappotto striminzito, stretto di spalle, corto sulle gambe, che non avevo niente in testa, che insomma non ero un ragazzo molto indicato per una biblioteca, pure la curiosità di quel signore m'aveva dato un po' di fastidio.

Tornai indietro che erano le nove e cinque. Sulla porta, nessuno. Subito sotto l'androne, una porticina illuminata. Capii che era del custode, e tirai diritto. Un buio nuovo intorno, nell'aria e per terra un manto bianco, addormentato fra le pareti nere e quadrate. Solamente nel fondo a destra tre grandi finestroni da cui usciva una luce schermata da tende. Pensai che doveva essere lí. Una porticina su cui era scritto «Biblioteca», e l'orario per il giorno e per la sera. Aprii piano piano.

Mi consideravo un intruso. Temevo che fra qualche momento sarei stato messo alla porta. Non ricordavo neppure piú perché ero venuto, che libro avrei desiderato vedere, guardare, leggere, conoscere. Il Dante della mia «Divina Commedia», da lontano, m'invitava a tornare nella mia cucina, intorno al tavolo tondo, ad un passo dal vociare dei miei fratelli e sorelle.

— Avanti. Chi è? — sentii una voce. Mi affacciai. Rinchiusi. Un tepore, ma ancora estraneo, m'arrivò in faccia. Un uomo magro, con grosse lenti era dietro uno scrittoio, alto. Un altro uomo era in piedi, un poco piú in là, quasi vicino ad una porta grande, sotto una lampada. M'avvicinai all'uomo seduto, che mi aspettava. L'altro continuava a sfogliare un libro aperto fin quasi sotto gli occhi.

— Desidera? — mi fece l'uomo seduto. Mi si dava del lei,[9] là dentro. Che strano! Pensavo d'essere trattato come un ragazzo.

«Forse non ha visto ancora come sono vestito», conclusi.

M'avvicinai, lo guardai e riuscii a dire:

— Vorrei leggere la «Vita Nova» di Dante.

L'uomo seduto mi guardò incuriosito. Ma io sentii su di me anche gli occhi dell'uomo in piedi. Lo guardai anch'io un momento. In lui c'era la sorpresa. Ritornò subito con gli occhi sul libro.

— Ma quale «Vita Nova?» — mi domandò il bibliotecario.

— Ma, non so, quella di Dante — dissi io, e mi sbigottii, credendo che di «Vita Nova» ce ne fosse piú d'una.

— Sí, siamo d'accordo —; fece l'uomo, buono, gentile, — ma commentata da chi? —.

— Ma, non so —, dissi di nuovo io.

Mi pentivo d'essere lí, d'esser venuto; avrei voluto girare sui tacchi e di corsa uscire, scomparire. Che ne sapevo io di commenti e di commentatori?

Per fortuna sentii di nuovo su di me gli occhi del signore in piedi. Mi pareva che mi sorridesse. Disse: — Gli dia quella del... — E mi sfuggí il nome.

L'uomo si alzò, uscí. Io guardai un momento il signore e non fui capace di dirgli neppure grazie. Lui riportò di nuovo gli occhi sul libro, aperto, quasi fin sotto il mento. Dopo qualche secondo mi fece: — Vada dentro. Aspetti lí —. Questa volta riuscii a dirglielo il grazie.

Entrai. Un salone grandissimo, a mala pena da intravedersi il fondo. Pieno di scaffali tutt'intorno fino al soffitto. E silenzio, ma accogliente, religioso, di quello che avevo sentito quando qualche volta al mattino presto (prima ancora dell'alba), ero entrato nella chiesa dei cappuccini al mio paese. Allora, nel buio, rotto appena da qualche riverbero di lume, avevo sentito il silenzio mescolarsi al canto dei monaci al di là dell'altare maggiore, e avevo intravisto la pace di dentro, quella che anche il mare sconfinato mi sapeva dare durante le mie lunghe passeggiate prima d'andare alla bottega, o quando uscivo la sera.

Lunghi tavoli, rotti solamente da un corridoio al centro, e sedie allineate ai due lati di ogni tavolo, in modo da lasciare la testa e il busto di chi leggeva nell'ombra. Adesso ero contento d'essere lí dentro. Mi sentivo tranquillo, in pace con me stesso e con gli uomini. Forse perché lí non c'era nessuno, forse perché pareva un angolo di terra dimenticato dagli uomini, o forse perché finalmente dopo mesi scoprivo nella mia nuova città un angolo di pace, in cui non sentissi intorno a me il senso del vago, del provvisorio. Era finalmente il luogo che avevo cercato, che avevo desiderato, quello che m'avrebbe disancorato dal ricordo della città che avevo lasciato, delle mie passeggiate lungo la spiaggia, e delle domande e le risposte chieste e date al mare sconfinato dove il nero del cielo s'univa al nero del mare.

C'era al secondo tavolo il signore piccolo. Non alzò neppure la testa. Ma forse perché camminai in punta di piedi. L'oltrepassai. Nessun banco mi pareva che facesse per me.[10] Camminai nel corridoio fino in fondo. Volevo non essere visto, dimenticato. Temevo di essere ancora un intruso, un importuno.

Mi sedetti all'ultimo banco e aspettai. Da lí in fondo la sala pareva piú piccola, ma ancora piú accogliente. Intorno a me le luci erano tutte spente. Vidi affacciarsi il bibliotecario con un libro in mano. Guardò in giro. Mi cercava. Cominciò a venire avanti. Io non facevo niente per farmi notare. Avevo paura che mi rimproverasse perché ero andato a finire là in fondo. Mi vide, mi fu vicino, alzò la mano all'interruttore e l'accese.

— Non la vedevo piú, — disse —, e mi mise il libro davanti.

— Grazie e scusi — feci e lo guardai.

— Prego. Chiudiamo alle undici e mezzo. Ma la restituzione va fatta[11] qualche minuto prima —. Disse le ultime parole mentre già tornava indietro.

Aprii il libro a caso. Prosa e versi. Poi provai a leggere. Ebbi paura. No, non era libro per me. Non capivo niente. Avrei dovuto leggere quel libro almeno venti volte prima di sapermi almeno raccapezzare. Me ne facevo certo ogni momento di piú. Guardavo la pagina, poi la giravo, poi ne giravo altre e di ognuna leggevo una parola, un verso, un rigo. Ma quello non era un romanzo d'amore; no, Dante con quel libro non mi permetteva di capire la sua «Commedia».

Mi sentii sfiduciato, avvilito. Se non fosse stato per il disturbo che avevo arrecato al bibliotecario, se non fosse stato perché lui e l'altro signore m'avevano visto, adesso me ne sarei andato, di soppiatto, come un ladro. Non era luogo per me, benché sentissi il silenzio, la penombra aderire al mio spirito, al mio bisogno di pace e di tranquillità.

— Adesso dico che non ci capisco niente, ringrazio e vado via — mi dissi. — E chiedo scusa per il disturbo.

Ma non mi decidevo ad alzarmi. Guardavo in giro i libri allineati, la spalla del signore, molte file avanti a me, sentivo il silenzio e non mi decidevo.

— Ci sto qualche minuto. Almeno faccio capire che l'ho guardato il libro —. Ma questo sotterfugio mi dava già fastidio.

Alzai gli occhi. A due passi da me vidi venirmi incontro il signore alto. Forse mi osservava già da prima. Continuò a venire avanti e a guardarmi. Aveva un sorriso delicato, affettuoso, che disarmava. Mi fu vicino e rimase in piedi.

— Te la cavi? — mi domandò, senz'ombra di presunzione.

Lo guardai. Aveva un occhio vivo, dietro le lenti cerchiate di nero. Il mento affusolato, le labbra sottili. Si vedevano solamente quando parlava e sorrideva. Le mani da lungo i fianchi le portava dietro la schiena e poi le riportava lungo i fianchi.

— Ma, veramente non molto — dissi. Ma avrei voluto scoppiare a piangere.

— Ho capito — fece. Si guardò in giro e poi venne a sedersi alla sedia vicino alla mia. — Vediamo. Forse ti posso aiutare io.

Lo guardavo e mi pareva di non capire.

— Cosa fai? Studi? — mi domandò, e s'avvicinò il libro. Ascoltò senza alzare la testa.

— Faccio il fattorino — dissi — Ma voglio studiare. Ho incominciato da due mesi la «Divina Commedia», ma nelle note ci sono sempre i richiami alla «Vita Nova». Per questo sono venuto.

Continuava a sfogliare il libro. Pensai che volesse che dicessi qualche altra cosa della mia vita.

— A metà del secondo ginnasio[12] dovetti lasciare la scuola e andare a lavorare. Da allora ho cercato sempre di leggere, quando ho potuto. Mi piace studiare. E' una cosa piú forte di me.

Alzò la testa e mi guardò. Mi sorrideva, ancora affettuoso, comprensivo.

— Quanti anni hai? — mi domandò.

— Sedici...

— E puoi venire la sera?

— Sí —. Mi uscí come un fiotto improvviso.

— Allora forse ti potrò aiutare io. Sono il direttore qui dentro — fece, ma senza voler dare molta importanza alla cosa.

— Vediamo. Cominciamo dalla prima pagina.

Avvicinò di piú la sedia alla mia. Allungò fino a me il libro e lesse: — In quella parte del libro de la mia memoria dinanzi a la quale poco si potrebbe leggere, si trova una rubrica la quale dice: incipit vita nova.[13]

Sentivo il suo petto quasi sulla mia spalla, il suo alito sul mio collo. Ma non mi dava fastidio. Mi pareva di aver trovato un altro padre, quello che da anni cercavo. Lo ascoltai fino alle undici e un quarto.

Da quella sera cominciò la mia università.

13

BICICLETTONE

by

Pier Paolo Pasolini

Sul galleggiante non c'era ancora quasi nessuno. Qualche commesso che se ne sarebbe andato verso le tre.

Poi da Ponte Garibaldi e Ponte Sisto cominciarono a scendere i veri clienti. In mezzora lo spiazzo di sabbia tra il muraglione e il galleggiante fu un verminaio.

Nando era seduto sull'altalena; mi voltava le spalle. Era un ragazzino sui dieci anni, magro, storcinatello, con un ciuffo biondo largo sulla faccina stenta, dove una grande bocca sorrideva senza sosta.

Una tonsilla, o comunque una ghiandola, era in suppurazione, e gli spurgava. Egli mi guardava obliquamente, con l'aria di chiedermi una spinta. Mi avvicinai e gli dissi: — Vuoi che ti spinga?

Lui accennò di sí, allegro, allargando ancora di piú la bocca.

— Bada che ti lancio in alto![1] — lo avvertii sorridendo.

— Non fa niente — rispose. Lo feci volare, e lui gridava a degli altri ragazzini: — A maschi,[2] guardate come vado alto!

Dopo cinque minuti era di nuovo sull'altalena ferma, e questa volta non si limitò a guardarmi. — A moro — mi disse — me dai 'na spintarella?[3]

Quando scese mi stette vicino. Gli chiesi il suo nome. — Nando! — mi fece svelto guardandomi. — E il soprannome? — Lui mi guardò un pochetto, incerto, ridendo e facendosi rosso: poi si decise: — Biciclettone —, disse.

Aveva le spalle scottate, come se fosse la febbre ad arrossarle, invece del sole. Mi comunicò che gli pizzicavano. Ormai il galleggiante di Orazio era un carosello: chi alzava i pesi, chi si issava sugli anelli, chi si svestiva, chi oziava — e tutti urlavano ironici, strafottenti e tranquilli. Una prima squadra mosse verso il trampolino, e cominciarono i caposotto, i pennelli e i caprioli. Andai a fare il bagno anch'io, sotto i piloni di Ponte Sisto.[4] Dopo mezzora, tornato sulla sabbia, vidi Nando aggrappato alla spalletta del galleggiante che mi chiamava. — Aòh — mi disse — sai portare la barca?[5]

— Me la cavo — risposi. Egli si rivolse al bagnino. — Quanto si paga? — chiese. Il bagnino non lo guardò neanche; pareva che parlasse con l'acqua, su cui era chino, e per di piú arrabbiato: — Centocinquanta lire per un'ora, due persone.

— Ammazzalo[6] — disse Nando, col suo faccino che rideva sempre. Poi scomparve dentro gli spogliatoi. Mi ricomparve accanto, sulla sabbia, come un vecchio amico.

— Io tengo cento lire — mi disse.

— Beato te — gli risposi — io sono completamente al verde.[7] Egli non capí. — Che vuol dire *al verde*? — chiese.

— Che non ci ho neanche un soldo — gli spiegai.

— Perché? Non lavori?

— No, non lavoro —. — Io credevo che tu lavorassi — aggiunse. — Studio — gli dissi, per semplificare le cose. — E non ti pagano? — Bè, son io che devo pagare —. — Sai nuotare? —. — Io sí, e tu? — Io non sono buono, ho paura. Vado solo nell'acqua che mi arriva fin qui!

— Andiamo a fare il bagno? — Egli fu d'accordo e mi venne dietro come un cagnolino.

Presso il trampolino, presi la cuffia che tenevo infilata nel costume. — Come si chiama questa? — egli mi domandò indicandola.

— Cuffia — io gli risposi.

— Quanto costa?

— Quattrocento lire, l'ho pagata, l'anno scorso.

— Quant'è bella — disse, mettendosela in testa. — Noi siamo poveri, ma se fossimo ricchi mia mamma me la comprerebbe, la cuffia.

— Siete poveri? — gli chiesi.

— Sí, abitiamo nelle baracche di via Casilina.

— E come mai oggi avevi una piotta in tasca?

— L'ho guadagnata portando le valigie.

— Dove?

— Alla stazione. — Ma esitava un po' nel rispondermi: forse erano bugie; forse era andato all'elemosina: quei suoi due braccini avrebbero stentato a sollevare un fagotto. Guardai la sua «gràndola»[8] che ogni tanto gli faceva cadere qualche gocciolina di pus sulla spalla, e pensai alla baracca dove viveva. Gli tolsi la cuffia carezzandogli il ciuffo e gli chiesi: — Vai a scuola?

— Sí, faccio la seconda...[9] Adesso ho dodici anni, ma per cinque anni sono stato malato... Non fai il bagno?

— Sí, adesso mi tuffo.

— Fai il tuffo a angelo, — mi gridò dietro mentre mi spingevo sull'asse del trampolino. Feci un qualsiasi mediocre caposotto, e dopo due bracciate, mi inerpicai per l'erbaccia, il pantano e l'immondezza della riva.

— Perché non hai fatto il tuffo a angelo? — mi chiese.

— Bè, ora cerco di farlo. — Non l'avevo mai fatto, ma per accontentarlo mi ci provai. Lo ritrovai sulla riva contento. Un bel tuffo a angelo, disse. In mezzo al Tevere un giovanotto remava controcorrente, su un'imbarcazione dall'aspetto di canoa. — Che ci vuole a remare cosí?[10] — disse Nando — e il bagnino, a me non m'ha fatto andare su quella barca!

— Hai mai remato? — gli chiesi. — No, ma che ci vuole? — Quando a colpi di pagaia il giovanotto fu abbastanza vicino al trampolino, Nando si accostò alla corrente e sporgendosi in avanti, con le mani a imbuto, gridò a squarciagola: — A moro, a moro, me fai montà?[11] — L'altro non gli rispose nemmeno. Allora Nando sempre allegro ritornò verso di me. In quel momento passavano alcuni miei amici e andai con loro. Essi nel piccolo bar del galleggiante fecero una partita a scopa,[12] e io stavo a guardarli.

Nando ricomparve ancora, questa volta con l'«Europeo»[13] in mano.

— Tiè[14] — mi disse — leggi. E' mio.

Lo presi, per fargli piacere, e cominciai a sfogliarlo. Ma venne Orazio, e senza dir nulla me lo tolse di mano, e, impaturgnato,

si mise a leggerlo lui: era uno scherzo. Io risi, e tornai a guardare
la partita. Nando si avvicinò al banco.

— Io tengo cento lire — disse al bagnino — che me posso
comprà?[15]

— Aranciate, birre, chinotti — rispose l'altro, del tutto privo
di inventiva.

— Quanto costa un chinotto? — chiese ancora Nando.

— Quaranta lire.

— Dammene due.

Dopo un poco mi sentii battere a una spalla, e vidi Nando che
mi porgeva una bottiglia di chinotto. Mi venne un nodo alla
gola, tanto che non avevo quasi la voce per ringraziarlo, per dire
qualcosa: ingoiai il liquido e dissi a Nando: — Ci sarai qui
lunedí o martedí?

— Sí — rispose.

— Allora ricambierò — gli dissi — e andremo in barca.

— Lunedí, ci sarai? — mi chiese.

— Non è proprio certo, forse avrò da fare. Ma se non lunedí,
martedí certamente...

Nando contò il denaro che gli rimaneva. — Ho ventidue lire —
disse. Stette soprappensiero, guardando con la sua faccia
allegra la lista delle bibite coi prezzi. Pensai di andargli in
aiuto. — Che me posso comprà co' venti lire? — chiedeva egli
intanto al bagnino.

— E tientele [16]— rispose questi. — Guarda — gli dissi io —
c'è l'acqua acetosa che costa dieci lire al bicchiere.

— E' calda — disse il bagnino.

— Che me posso comprà co' venti lire? — si ripeteva intanto
Nando.

Poi si rivolse al bagnino: — Non fa niente se è calda, dammene du' bicchieri —. Il bagnino versò due bicchieri, e Nando
mi disse: — Bevi —. Mi offriva da bere per la seconda volta.

— Se non ciài[17] da fare, vieni lunedí? — mi chiese.

— Certo, e vedrai che ricambierò, ti farò divertire! —
Poi decise di tornare un po' sull'altalena: io lo spinsi tanto
forte che lui ridendo mi gridava: — Basta, che me gira la
capoccia!

Scese la sera, e ci salutammo.

Adesso non vedo l'ora che venga martedí, per far divertire un poco Nando; sono senza lavoro, non ho soldi, ma del resto anche Nando possedeva soltanto quelle cento lire. Pensandoci faccio fatica a cacciare indietro le lacrime.

14

FUNGHI IN CITTÀ

by

ITALO CALVINO

IL vento, venendo in città da lontano, le porta doni inconsueti, di cui s'accorgono solo poche anime sensibili, come i raffreddati del fieno,[1] che starnutano per pollini di fiori d'altre terre.

Un giorno, sulla striscia d'aiola d'un corso cittadino, capitò chissà donde una ventata di spore, e ci germinarono dei funghi. Nessuno se ne accorse tranne il manovale Marcovaldo che proprio lí prendeva ogni mattina il tram.

Aveva questo Marcovaldo un occhio poco adatto alla vita di città: cartelli, semafori, vetrine, insegne luminose, manifesti, per studiati che fossero[2] a colpire l'attenzione, mai fermavano il suo sguardo che pareva scorrere sulle sabbie del deserto. Invece, una foglia che ingiallisse[3] su un ramo, una piuma che si impigliasse ad una tegola, non gli sfuggivano mai: non c'era tafano sul dorso d'un cavallo, pertugio di tarlo in una tavola, buccia di fico spiaccicata sul marciapiede che Marcovaldo non notasse,[4] e non facesse oggetto di ragionamento, scoprendo i mutamenti della stagione, i desideri del suo animo, e la miseria della sua esistenza.

Cosí un mattino, aspettando il tram che lo portava alla ditta dov'era uomo di fatica, notò qualcosa d'insolito presso la fermata, nella striscia di terra sterile e incrostata che segue l'alberatura del viale: in certi punti, al ceppo degli alberi, sembrava si gonfiassero bernoccoli che qua e là s'aprivano e lasciavano affiorare tondeggianti corpi sotterranei.

Si chinò a legarsi le scarpe e guardò meglio: erano funghi, veri funghi, che stavano spuntando proprio nel cuore della città! A Marcovaldo parve che il mondo grigio e misero che lo circondava diventasse tutt'a un tratto generoso di ricchezze nascoste, e che dalla vita ci si potesse ancora aspettare qualcosa, oltre la paga oraria del salario contrattuale, la contingenza, gli assegni familiari e il caropane.

Al lavoro fu distratto piú del solito; pensava che mentre lui era lí a scaricare pacchi e casse, nel buio della terra i funghi silenziosi, lenti, conosciuti solo da lui, maturavano la polpa porosa, assimilavano succhi sotterranei, rompevano la crosta delle zolle. «Basterebbe una notte di pioggia, — si disse, — e già sarebbero da cogliere».[5] E non vedeva l'ora di mettere a parte della scoperta sua moglie e i sei figlioli.

— Ecco quel che vi dico! — annunciò durante il magro desinare. — Entro la settimana mangeremo funghi! Una bella frittura! V'assicuro!

E ai bambini piú piccoli, che non sapevano cosa i funghi fossero, spiegò con trasporto la bellezza delle loro molte specie, la delicatezza del loro sapore, e come si doveva cucinarli; e trascinò cosí nella discussione anche sua moglie, che s'era mostrata fino a quel momento piuttosto incredula e distratta.

— E dove sono questi funghi? — domandarono i bambini. — Dicci dove crescono!

A quella domanda l'entusiasmo di Marcovaldo fu frenato da un ragionamento sospettoso. «Ecco che io dico loro il posto, loro vanno a cercarli con una delle solite bande di monelli, si sparge la voce nel quartiere, e i funghi finiscono nelle casseruole altrui!» Cosí, quella scoperta che subito gli aveva riempito il cuore d'amore universale, ora gli metteva la smania del possesso, lo circondava di timore geloso e diffidente.

— Il posto dei funghi lo so io e io solo, — disse ai figli, — e guai a voi se vi lasciate sfuggire una parola.

Il mattino dopo, avvicinandosi alla fermata del tram, era pieno d'apprensione. Si chinò sull'aiola e con sollievo vide i funghi un po' cresciuti ma non molto, ancora nascosti quasi del tutto dalla terra.

Era cosí chinato, quando s'accorse d'aver qualcuno alle spalle. S'alzò di scatto e cercò di darsi un'aria indifferente. C'era uno spazzino che lo stava guardando, appoggiato alla sua scopa.

Questo spazzino, nella cui giurisdizione si trovavano i funghi, era un giovane occhialuto e spilungone. Si chiamava Amadigi, e a Marcovaldo era antipatico da tempo,[6] non sapeva neanche lui perché. Forse gli davano noia quegli occhiali che scrutavano l'asfalto delle strade per cancellarvi ogni traccia naturale.

Era sabato; e Marcovaldo passò la mezza giornata libera girando con aria distratta nei pressi dell'aiola, tenendo d'occhio di lontano lo spazzino e i funghi, e facendo il conto di quanto tempo ci voleva[7] a farli crescere.

La notte piovve: come i contadini dopo mesi di siccità si svegliano e balzano di gioia al rumore delle prime gocce, cosí Marcovaldo, unico in tutta la città, si levò a sedere nel letto, chiamò i familiari. — È la pioggia, è la pioggia —, e respirò l'odore di polvere bagnata e muffa fresca che veniva di fuori.

All'alba — era domenica —, coi bambini, con un cesto preso in prestito, corse subito all'aiola. I funghi c'erano, ritti sui loro gambi, coi cappucci alti sulla terra ancora zuppa d'acqua. — Evviva! — e si buttarono a raccoglierli.

— Babbo! guarda quel signore lí quanti ne ha presi! — disse Michelino, e il padre alzando il capo vide in piedi accanto a loro, Amadigi anche lui con un cesto pieno di funghi sotto il braccio.

— Ah, li raccogliete anche voi? — fece[8] lo spazzino. — Allora sono buoni da mangiare? Io ne ho presi un po' ma non sapevo se fidarmi... Piú in là nel corso ce n'è nati di piú grossi ancora... Bene, adesso che lo so, avverto i miei parenti che sono là a discutere se conviene raccoglierli o lasciarli... — e s'allontanò di gran passo.

Marcovaldo restò senza parola: funghi ancora piú grossi, di cui lui non s'era accorto, un raccolto mai sperato, che gli veniva portato via cosí, di sotto il naso. Restò un momento quasi impietrito dall'ira, dalla rabbia, poi - come talora avviene – il tracollo di quelle passioni individuali si trasformò in uno slancio generoso: — Ehi, voialtri! Volete farvi un fritto di funghi questa sera? — gridò alla gente assiepata alla fermata del tram. — Sono cresciuti i funghi qui nel corso! Venite con me! Ce n'è per tutti! — e si mise alle calcagna di Amadigi, seguito da un codazzo di persone con l'ombrello appeso al braccio, perché il tempo restava umido e incerto.

Trovarono ancora funghi per tutti e, in mancanza di cesti, li misero negli ombrelli aperti. Qualcuno disse: — Sarebbe bello fare un pranzo tutti insieme! — Invece ognuno prese i suoi funghi e andò a casa propria.

Ma si rividero presto, anzi la stessa sera, nella medesima corsia dell'ospedale, dopo la lavatura gastrica che li aveva tutti salvati dall'avvelenamento, non grave perché la quantità di funghi mangiati da ciascuno era assai poca.

Marcovaldo e Amadigi avevano i letti vicini e si guardavano in cagnesco.

L'ORA DEL GIOVEDÍ

by

Giuseppe Cassieri

U SAVANO incontrarsi in Agenzia ogni pomeriggio di giovedí
come avrebbero potuto incontrarsi a un bar, ai giardini o
al cinema. Era una stanzetta quadrata nel cuore di una comune
abitazione, tra il tinello e la cucina, rivestita alle pareti di una
serie di «Piante di Roma», ammobiliata con un divano color
cappuccino e un tavolo impellicciato di palissandro che vibrava
come cartilagine agli squilli del telefono.

Durante le assenze del principale, era la ragazza sarda,
brunetta, affabile, che aveva cominciato col fare la guardarobiera in città a svolgere oggi le mansioni di segretaria, era lei a
barcamenarsi tra inserzioni e clientela, tra vecchie domestiche
espulse per anzianità e le nuove, arrivate magari in giornata
dalla campagna reatina o abruzzese o ciociara,[1] ansiose d'in-
filarsi in una famiglia senza troppo discutere sul numero dei
componenti e sul prezzo, preoccupate di piantarsi a Roma e
scegliere, poi, con comodo, il posticino[2] ideale accarezzato
mentre zappettavano l'orto o portavano l'asina all'abbeveratoio.

Ed era ancora lei, la brunetta sarda, a concedere quel ricevimento, il pomeriggio del giovedí, alle due domestiche che con
personale abilità era riuscita a collocare ai Parioli, dove il principale non aveva mai sperato di spingere i propri affari.

Adele e Serafina arrivavano verso le quattro, si sdraiavano sul
divano congiungendo le gambe perché la posa troppo disinvolta
non slittasse nell'indecenza, accendevano sigarette americane e
prendevano a bisbigliarsi, con larghe interruzioni di risate, gli
avvenimenti dei padroni appena accennati per telefono. La
brunetta, intanto, sedeva al tavolo in atteggiamento profes-
sionale, la tazza di caffè sulle carte, il ricevitore sostenuto dal-
l'omero, le mani intente a segnare indirizzi e a compulsare

agende. Ogni tanto partecipava con una strizzatina d'occhi alle frasi mordaci delle amiche, mandava giú un sorso di caffè e riprendeva il lavoro.

Di fronte al divano si allineavano alcune sedie laccate di bianco, con i pioli sudici, quasi sempre occupate da servette dimesse in tronco,[3] la valigia ai piedi, la borsa rigonfia e uno sguardo di odio al pensiero della padrona, alternato con uno piú mite, quasi sorridente, a quello del marito o del figlio maggiore di cui ricordavano volentieri le mance fuori calendario[4] e qualche pizzicotto dove maggiormente l'esuberanza fisica solleticava i polpastrelli. Serafina e Adele neppure mostravano di accorgersi di quelle «burbe» in attesa di iscriversi nelle schede dell'Agenzia con una filastrocca di pretese e di referenze. Solo quando squillava il telefono smettevano di chiacchierare, e si mescolavano ai commenti suscitati dalle richieste di chi stava all'altro capo del filo. — ... assolutamente friulana? Bene. Quanti bambini, signora? – diceva la brunetta con forbite maniere - Tre? Tre piccolini? Oh, signora, quindicimila son poche. Sarà difficile. Può arrivare a diciotto? No? Proprio non può spostarsi da quindici? Vedrò di contentarla, signora, ma sarà difficile. Quindici col bucato e assolutamente friulana sarà un'impresa difficile —.

Adele e Serafina si rimandavano bruschi segni di meraviglia: — Anche il bucato! Quindicimila, tre bambini e il bucato! Nient'altro vuole? —.

— Non mi bastano di sigarette.[5] Oh! ma dico a queste terrone:[6] volete fare le signore a quindicimila? E via, fatele voi le serve in casa, e tenetevi le quindicimila. Che democrazia è codesta! — s'inviperiva Adele che era nata in Toscana e ci teneva a farlo notare attraverso l'accento.

Serafina non la smetteva di approvare col capo.[7] Pur essendo avellinese,[8] era perfettamente d'accordo nel considerare «terrona» quella signora che pretendeva una donna assolutamente friulana, col bucato, con tre bambini, a San Paolo, tre quarti d'ora distante dal centro per una miseria di quindicimila mensili. — Come si fa! – esclamava, con un'espressione di compatimento per le novelline allineate di fronte - Roba che col

mio stipendio e una casa principesca dove mi trovo, bisogna
che cambi, mi sono già stufata. Cosí succede: ci si stufa —.

Una delle novelline si fece avanti timidamente: — Perché,
scusate, voi quanto prendete? —.

— Adesso ventottomila, e un mese e mezzo di ferie pagate —
rispose Serafina pronunziando con noncuranza la cifra.

— Ventottomila e un mese e mezzo di ferie!? —.

Le servette sgranavano le pupille, si guardavano tra loro,
raspavano con piú rumore le punte delle scarpe contro le valigie
e non si capacitavano come si potesse rinunziare a quel posto,
a quella casa principesca per una folata di volubilità.

Adele, la toscana, disse: — Che volete, figliole. Bisogna pur
essere qualcuna per meritarsele ventotto, trentamila... Non si fa
mica per offendere, ma io, vedete, sono stata su in Svizzera,
parlo una lingua, di mondo ne ho girato.[9] Che volete... io
l'educazione l'ho avuta di natura e con certe padrone giú della
bassa non mi ci metto neppure! E poi, io voglio i miei diritti.
Fumare, essere libera di fumare in casa. E ai bambini, quattro
maschiacci, ho ordinato di darmi del «lei».[10] Oh che si credono!
E quella terrona della moglie del presidente, sapete perché non
mi può digerire? Perché la crestina non la porto, e il marito non
passa giorno che non dice: ma che fenomeno questa Adele! E
poi c'è un'altra cosa... —. Si accese una seconda «americana», si
raggomitolò soddisfatta sul divano, spalla a spalla con Serafina
e proseguí: — Ecco perché non mi può digerire. Perché vesto
meglio di lei, perché ho un baule pieno di roba. E lei, la terrona,
non lo può sopportare... Lui no, lui è un brav'uomo, il presidente. Viene dalla bassa, però è di cuore. Eppoi, viva la faccia,[11]
ti dà soddisfazione: Adele di qua, Adele di là, che fenomeno è
quest'Adele! Che chiappe quell'Adele! E la moglie che balla
sulla sedia. Oh Dio, che risate dentro di me —.

Squillava il telefono. La brunetta scolò la tazzina e si dispose
con un sorrisino compito ad ascoltare la nuova cliente. — Sí,
signora, dica pure... Nessun bambino? bene. Sei stanze? bene.
E quanto offre? Quanto? Diciotto col bucato? E dove?... a
Ponte Milvio? —.

Tutte le ragazze allineate contro la parete saltarono in piedi, ciascuna precipitandosi al tavolo, facendo segni alla brunetta perché si ricordasse delle proprie referenze e del fatto che era arrivata un'ora prima delle altre all'Agenzia.

Serafina e Adele aiutavano l'amica a tenere a bada quel gruppetto di campagnole prive di un minimo di dignità, attirate come mosche sul primo torsolo buttato sulla strada. Ma le campagnole non sentivano quelle recriminazioni. Stavano trepide intorno al tavolo della segretaria, tutte intente a percepire dal colloquio telefonico a chi di loro sarebbe toccata la rapida sistemazione a diciottomila col bucato.

La ragazza, ad un tratto, accostò meglio il ricevitore all'orecchio e chiese alla cliente: — Come dice? Ah! Anche lei. Assolutamente friulana!... —.

Le ragazze tornarono mogie al loro posto.

La toscana guardò fuori della finestra e s'accorse che la rosticceria dirimpetto aveva acceso le insegne al neon e il forno lingueggiava per accogliere la prime pizze della serata.

— Oh Dio, si fa tardi —. E scattò in piedi, seguita da Serafina.

— Ciao Pucci! — disse alla brunetta.

La segretaria consultò il suo orologino, impaziente del ritorno del principale per essere libera di andare al cinema col fidanzato. — Certo, Serafina mia – diceva intanto la toscana aspettando il filobus – come si fa a prenderla in considerazione quella congrega di burine! In certi casi non hanno davvero torto, le padrone, non ti pare? —.

CANI SENZA PADRONE

by

Luigi Daví

Discorsi di coppie ne sbocciano quante ne sono di stelle in cielo, nei prati e nelle macchie verso il fiume, a sera.

Là è il posto del confidarsi le pene e le speranze, dal binario nel bosco della ferrovia del mulino, al canalone che porta l'acqua alla centrale al greto del traghetto.

Di tutta quella distesa Geppe sapeva i siti migliori, anche di quelli che gli altri non avrebbero potuto trovare manco a cercarli;[1] ma quella sera era il fiume che lo tentava.

Andava dritto per il viottolo col fare placido di quand'era sfaccendato, ed Elena, a braccetto, si lasciava portare accompagnandosi sul suo passo.[2]

Geppe non parlava, e forse accumulava le parole per dirle dopo, con piú calma; ma intanto a lei sarebbe piaciuto il sentirne la voce, anche senza badare ad altro che al suono, cosí, per sentirsi ovattata nella fitta rete del canto dei grilli, per sigillarsi in un suo sogno.

Il viottolo man mano che s'avvicinava al fiume si faceva piú stretto, solo piú[3] un sentiero angusto con a fianco, simmetrici, i solchi delle ruote dei carri che lungo il giorno vanno a caricare ghiaia sul greto; Geppe prese a camminare sull'erba per lasciarle il terreno battuto, e lei coi capelli gli arrivava solo piú alla spalla.

La ragazza gli si aggrappò lieve al braccio con tutte e due le mani e vi appoggiò il capo; allora Geppe si raddrizzò sulla persona, istintivamente, come se ora che lei gli affidava un po' del proprio peso si sentisse in dovere di meglio proteggerla e potesse farlo col solo sembrare piú alto.[4]

Poco avanti scartò dal sentiero per arrampicare un piccolo promontorio orlato di gaggie da dove il fiume si vedeva bene;

andava su due passi e si volgeva per aiutarla a salire dandole mano, benché Elena non ne avesse bisogno, leggera e pieghevole com'era: però restava ugualmente una galanteria ed a lei piaceva.

Una volta sopra stettero un po' in piedi, inquadrati nel giallo della luna, a guardare l'acqua che borbottava cose sue: cose che però, volendolo,[5] si possono tradurre in un monosillabo od in una corta parola che s'adatti al momento od a ciò che si pensa.

Scostata a monte stava un'isoletta con quattro alberi, quattro giusti, e molti cespugli, per lo piú spinosi: — Quella è l'isola dei pirati: la «Tortuca», — le aveva detto lui la prima volta che l'aveva condotta giú al fiume.

Parlava di piú quando lei, Elena, era ancora «terra di nessuno»:[6] forse tutti gli uomini parlano di piú quando hanno ancora da convincere, pensava lei ora.

Geppe s'accucciò in terra alla turca: si sedeva spesso cosí, che poi gli piaceva rialzarsi lasciando le gambe incrociate; trasse un sospiro senza scopo e cacciò fuori dal taschino le sigarette, dal giubbetto a vita che indossava.

Tre, ne tirò fuori, e tutte contorte, ché da quando aveva persa l'abitudine di comperarle a pacchetti le teneva sciolte per le tasche e cosí le sigarette si rovinano. Era forse un due mesi che briciole di tabacco gliene si poteva trovare in ogni fonda, da quando in fabbrica avevano ridotto il personale ed egli era figurato fra gli spediti.[7]

Scelta la migliore la riaddrizzò e riaccomodò con cura, poi rovistò nelle tasche per i fiammiferi, finché ne scovò uno solitario, che sfregò su un sasso per accendere; Elena era ancora in piedi, ma guardava lui, non piú l'acqua.

— Giú, passero, — disse lui, ed ella gli sedette vicino.

A Geppe, fumando gli veniva di parlare,[8] gli tornava spontaneo: — Sulle spiagge chic è alla moda il bagno di notte: forse è una stupidaggine, ma intanto sarebbe bello provare. Sai, per una volta, cosí per vedere come sembra.

— Il mare non è freddo come il fiume, e poi quando escono dall'acqua hanno asciugamani, accappatoi e pellicce.

— Anche gli uomini?

— Anche gli uomini cosa? Le pellicce? — disse lei divertita.

— Già, sai: io avrei la pellaccia,[9] — e sorrideva sornione: quindici giorni prima, trovandosi a rimediare aiutando dei muratori, era scivolato da un'impalcatura: roba da lasciarci le penne e se l'era cavata con un po' di graffi.

— E poi non avremmo neanche i costumi, — aggiunse Elena con finta compunzione.

—- Giusto: una ventina di secoli scorsi ci vietano di nuotare senza l'assetto adatto e propizio. Va bene, smetto: tanto stasera non mi va di scherzare.[10]

Elena pensava che a Geppe già da un po' di tempo non andava piú di scherzare, e gli si fece piú vicina, perché ora al suo ragazzo avrebbe potuto affiorare la malinconia: — C'è un guado per arrivare all'isola, vero? — sviò.

— Sí, se uno lo sa. Parte da quel ciuffo d'erba palustre sulla riva e va alla punta a valle dell'isola; ma non è né una retta né un arco: è un zig-zag. Come disegnano i lampi sui giornali dei bambini: è uno strano guado; quando non si vede il fondo ché l'acqua è sporca è difficile indovinarlo se non lo si ha in testa a dovere.

— L'avete fatto voi a quel modo? Dico quando eravate bambini.

— No, non credo. Alcuni degli amici d'allora sono convinti che sia merito nostro, ma io l'ho sempre conosciuto cosí: credo dipenda proprio dalla natura del fondo.

— Sarebbe romantico noi due soli sull'isola, come nei film.

— Spesso teniamo di piú a parere dei personaggi che ad essere noi stessi, — e buttò il mozzicone senza riuscire a mandarlo in acqua.

— Dici?

— Che ci potremmo andare: l'acqua è poco sopra alla caviglia, di questa stagione.

Ma Elena s'era voltata spaurita portando le mani sul petto: aveva avvertito alle spalle, discosto, come un lieve camminare felpato; ed anche Geppe aveva udito qualcosa, quasi un cauto muoversi di animale in caccia.

Si voltò allungandosi nel corpo, in modo da trovarsi disteso pancia a terra; però fumando aveva spesso fissato la brace della sigaretta, ed ora non distingueva bene che dov'era illuminato dalla luna: — Che c'è? — domandò sottovoce.

Elena alzò il braccio, coll'indice a segnare una zona d'ombra, un avallamento circa dieci metri avanti: — Là c'è una macchia piú scura. Pare che si muova; oh, Dio.

E lui, calmo: — Passa dietro a me; fa' piano: non aver paura, — cacciando una mano in tasca.

— Cosa fai, Geppe? Guarda: va di lato, sta per uscire allo scoperto.

— Metti giú il braccio, brava. Scivola alle mie spalle t'ho detto; e zitta, — aveva tratto qualcosa di tasca e ci stava badando colle mani, senza staccare lo sguardo dalla macchia scura.

— È un cane, Geppe, un cane randagio. Ho paura. Ne è stato ammazzato uno ch'era idrofobo, l'altra estate: ho paura; che faremo ora?

— Zitta, staremo a vedere, — ma intanto pensava che tutto poteva darsi: ne succedono tante.[11]

Portò alla bocca l'arnese che aveva cavato di tasca, un piccolo coltello a serramanico, e ne aprí la lama coi denti per poi conficcarla nel terreno alla propria destra.

Il cane stava passando in un tratto rischiarato dalla luna e pareva si allontanasse piano piano, ma benché si spostasse la distanza era sempre quella iniziale: descriveva come un semicerchio intorno a loro.

— Coda bassa brutto segno, — meditava Geppe, e gli sovveniva di iniezioni antirabbiche che vanno praticate nel ventre del morsicato.

Elena gli si teneva aggrappata ad un braccio, il sinistro, colle dita fatte artigliose, anche lei allungata aderente al terreno; il cane si fermò, parve guardarli fissamente con occhi acuminati, poi ritornò guardingo sui propri passi restringendo insensibilmente il cerchio.

L'animale camminava adagio, in un modo stranamente vellutato, da felino, ed impiegò un tempo enorme per ritornare all'avallamento da dove era partito; e ancora si fermò, e ancora tornò fuori a restringere quel cerchio opprimente.

«Cerca guai: cerchi guai, amico, — fra sé, Geppe, stringendo i denti. — Oppure ne porti»; si rialzò sulle ginocchia e slacciò la cintura di cuoio dei pantaloni.

— Paura ancora, passero? — sussurrò volgendosi ad Elena; intanto sfilava la cintura.

— Ancora, ma meno.

— Bene, sta' giú: si vede che ti abitui, — arrotolò un giro di cintura per mano[12] chiudendole a pugno, e dando poi uno strappo come a provarne la resistenza.

Il cane, un grosso bestione dal pelame nero ed arruffato, adesso era fermo.

— Pare che ringhi, — disse Elena.

— No; mugola, — Geppe.

— È diverso?

— Può darsi.

— Perché non gli tiri un sasso?

— Perché non so come la prenderebbe. Fossi sicuro di stecchirlo al primo colpo. L'importante è che non pensi che abbiamo paura di lui.

— Ce la caveremo?

Geppe decise di fare un esperimento: modulò dolcemente un leggero fischio di richiamo.

Il cane si dondolò un po' sulle zampe: muoveva la testa come in un segno di diniego, ma la mimica degli animali non sempre coincide con quella degli uomini.

— È stata una prova: direi che sia indeciso, — spiegò Geppe alla sua ragazza; poi tornò a ripetere il fischio, solo variandolo in maggiore durata, ed il cane puntò dritto un paio di passi[13] piú risoluti: Geppe fece una smorfia di poca convinzione, passò la cintura piegata in due nella sinistra, e colla destra si assicurò di non aversi a sbagliare nel caso si trovasse a dover afferrare il coltello d'improvviso; anche il grosso bastardo attendeva.

— Almeno si decidesse, — borbottò Geppe.

— Fischiagli ancora, chissà. Pare proprio che sia in forse, — suggerí Elena.

Geppe mise in atto ed il cane mugolò di nuovo, poi mosse piano, appena percettibilmente la coda.

— Forse ci siamo, — disse Geppe, e modulò ancora il richiamo; allora il cane accennò ad essere tentato di avvicinarsi ancor piú, ed agitò la coda in modo evidente.

— Qua, bello, su, — lo esortò Geppe, ponendosi inginocchiato e battendosi colla destra sulla coscia: — Dai,[14] belva, muoviti: su, da bravo, — con tono suadente.

— Non morde piú? — chiese Elena.

— No, che non morde. Cerca amici, anzi. Solo che devono averlo picchiato perché sia cosí diffidente: è dubbioso delle nostre intenzioni, ci vuole pazienza. Ci vorrebbe un tozzo di pane per convincerlo.

Ad Elena sembrò che solo in seguito a quelle parole rassicuranti i grilli avessero ripreso a cantare e l'acqua il borbottio, il paesaggio ad estendersi e sfumare ben oltre il cane, le stelle ad esserci coi loro palpiti e non solo le fasce di luce fredda della luna fra una macchia ed un rialzo.

Allora provò anche lei a chiamarlo: — Fido, su Fido: vieni. Si chiamerà poi Fido?

— Cercaguai si chiama.

Si assunse Elena l'incarico di invitare ancora il cane, che accondiscendeva a piccoli passi o con un saltello, mentre Geppe si rimetteva la cintura ai pantaloni e richiudeva il coltello.

Il cane era venuto cosí vicino che allungando una mano quasi lo si toccava: Geppe provò a farlo, ma quello ebbe un moto di paura.

— Siamo amici, Cercaguai; qua la zampa, animalone, — lo rincuorò il giovane; poi si lasciò scivolare seduto, batté leggermente una mano sull'erba continuando a parlargli, finché lo convinse del tutto.

Il cane si accosciò fra loro due a bearsi delle carezze che gli prodigavano: certo non si rendeva conto di come li avesse messi in allarme.

Elena aveva la guancia accosto al mento di Geppe, e la bestia teneva puntato il muso osservandoli con interesse: a volte metteva fuori la lingua come a volerli lambire in viso, pur non osandolo fare, come volesse inserirsi in quel loro affetto e nello stesso tempo temesse di essere importuno, di pretendere troppo.

Geppe tirò fuori un'altra delle sue sigarette malconce, scovò uno zolfanello sperduto nelle fonde e la accese, non senza aver messo in orgasmo il cane con tanto armeggiare.

— Eravamo rimasti all'andare[15] all'isola, — disse poi Geppe.

— Andiamoci, — assentí Elena gioiosa.

Scesero pel pendio e l'aggirarono, coll'animale sempre ad intrufolarsi fra le gambe per farsi fare complimenti; furono alla riva e raggiunsero costeggiandola il ciuffo che faceva da riferimento.

Si tolsero le scarpe; poi Geppe si sfilò i calzini ed arrotolò i pantaloni fino al ginocchio, fece il primo a scendere in acqua.

— Metti i piedi dove li metto io; bada a non scostarti, — disse: lui sapeva dove posare i passi.

Quando si trovarono circa a metà percorso Cercaguai si mise ad abbaiare da sulla riva, ché non voleva essere dimenticato e l'acqua gli ispirava poca fiducia.

— Qua, Cercaguai, non fare lo schizzinoso; dài, belva! — lo chiamò Geppe; allora il cane si tuffò e si riuní a loro.

Capí che si trattava di procedere verso l'isola e vi nuotò veloce: giuntovi, scrollatosi l'acqua da buttarne gocce fino al capo opposto, prese ad abbaiare con furia, come a dire quanto diavolo di tempo ci voleva[16] se lui era già là.

Geppe ed Elena toccarono terra fra i suoi salti scomposti, andarono ad asciugarsi i piedi su un tratto d'erba; poi Geppe si tolse il giubbetto e vi si sdraiarono sopra, stretti fianco a fianco; Cercaguai riguardava il tragitto percorso a nuoto, soddisfatto della propria bravura.

Loro due s'abbandonarono ad un tranquillo torpore, tenendosi allacciate le mani, ed il cane si distese ai loro piedi a vegliarne il riposare.

Stettero a lungo immobili, poi Elena si scosse per prima:
— Geppe, si sarà fatto tardi, — disse.

— Sí, passero, hai ragione, — lui, mettendosi seduto e quindi alzandosi.

Cosí riattraversarono il guado, tornarono a camminare sull'erba per asciugare i piedi, si rimisero le scarpe e riassettarono, sempre col cane attorno ben deciso a non mollarli. Li seguí per tutta la strada fino all'abitazione di Elena, dove loro due si fermarono a scambiarsi la buona notte.

— Ed ora che cosa ne farai? — ne disse Elena, del cane.

— Chi lo sa. Gli darò del pane e se ne torni donde è venuto: io non ho il posto per tenerlo.

Quando la ragazza richiuse l'uscio dietro le proprie spalle e Geppe già si avviava verso casa, il cane ristette indeciso a guardare ora la porta chiusa ora Geppe che s'allontanava; poi risolse per l'uomo e gli corse dietro.

— Ciao, grattacapo, ancora qui? — gli parlò lui.

Se lo ebbe dietro fino all'osteria del «Gallo mattiniero», dove Stefano, il padrone, era indaffarato a portare dentro, nella sala grande, tavoli e sedie; ché, se anche mancava qualcosa all'ora di chiudere, clienti non ce ne stavano piú, all'aperto. Stefano era stato un gran *dillinger*,[17] ai suoi tempi; poi s'era sposata la figlia sola dei padroni dell'osteria per poter bere a proprio talento e non avere la noia di dover lavorare sotto gli altri: non era stata una grande passione d'amore, la sua, ma comunque aveva per la moglie un'abbondante gratitudine.

— Olà, Geppe! — gridò l'oste.

— Anche a te, Stevo, — disse Geppe.

— Vieni qua, — aggiunse l'oste. — Mi dai un aiuto? Sí, eh! Volevo ben dire. Lo sai cosa è domani?

Geppe s'era prese quattro seggiole, due per mano, da andare a riporre: — Mercoledí è.

— Ma è anche Santa Marta,[18] eh, eh, — e siccome era apparsa la moglie le si rivolse: — Preparaci due panini all'acciughe, Marta, ed una bottiglia di speciale che io e Geppe festeggiamo.

Marta passò in cucina; quando loro ebbero finito, i panini erano pronti su un tavolo, ben disposti dentro un piatto decorato a fiorami, e la bottiglia già sturata con i bicchieri a lato.

Mentre Stefano mesceva, nel vano della porta apparve cauto Cercaguai col suo fare timoroso ed impiccione.

— Beh, e questo? — disse Stefano.

— Qua, belva! — chiamò Geppe al cane, poi ruppe a mezzo il proprio panino per dargliene una parte.

— È tuo?

— È di nessuno.

— Lo tieni te?[19]

— Non so che farmene.

— Lo tengo io. Se ci pensi tu a metterci la stacca,[20] si capisce: vedo che siete amici —. «Con un animale cosí grosso è sempre meglio premunirsi», pensava.

— Già: siamo due cani senza padrone; vero, Cercaguai? — disse Geppe.

Ma il cane aveva finito di esserlo ed intanto non badava piú alle parole, solo alla fame.

NOTES AND VOCABULARY

ABBREVIATIONS

IN NOTES AND VOCABULARY

adj.	adjective	*indecl.*	indeclinable
adv.	adverb	*inf.*	infinitive
art.	article	*intr.*	intransitive
aug.	augmentative	*inv.*	invariable
aux.	auxiliary	*joc.*	jocular
bldg.	building	*lit.*	literally
coll.	colloquial	*m.*	masculine
cf.	compare	*n.*	noun
def.	definite	*pl.*	plural
eccl.	ecclesiastical	*poet.*	poetic
excl.	exclamation	*pr.*	pronoun
f.	feminine	*refl.*	reflexive
fam.	familiar	*sing.*	singular
fig.	figurative	*subj.*	subjunctive
impers.	impersonal	*tr.*	transitive
indef.	indefinite	*usu.*	usually

NOTES

1

APPUNTAMENTO CON EINSTEIN
by DINO BUZZATI

BUZZATI, born at Belluno in 1906, has written novels and short stories. His best work is in *Il deserto dei Tartari* (1940) and *Sessanta racconti* (1958). His manner is often Kafka-esque, and he is also a surrealist painter.

1. **Albert Einstein** (1879–1955): one of the greatest of modern physicists. German by birth, he moved to Princeton in 1933 and spent the rest of his life there.

2. **lo spazio cosidetto curvo:** 'so-called curved space'. Curved space is a mathematical concept and cannot be 'seen' as it is by the Einstein of this story.

3. **Dante:** see p. 119 note 2.

4. **dicono che sia possibile:** subj. after verb expressing an opinion.

5. **avete fuoco?:** 'have you got a light?'

6. **Accidenti. Ci siamo allora:** 'Good Lord. This is it, then.'

7. **Proprio adesso sei venuto che sto per terminare un mio lavoro:** 'You've come just as I'm about to finish a piece of work.'

8. **Ci fatico da...:** 'I have been working at it . . .' Note the tense: Italian uses the present tense with *da* for the English perfect when the action is given as still continuing.

9. **ci ho dato dentro:** 'I've been hard at it'.

10. **importava che tu finissi:** 'it was important that you should finish'. Subj. after an impers. verb.

2

IL CAMPIONE
by MARIO SOLDATI

SOLDATI, born at Turin in 1906, is both writer and film producer. *Il campione* is taken from the volume *Racconti: 1927–1947*, which includes the famous *La verità sul caso Motta*. Other well-known works by Soldati include *America primo amore* (1935), an account of two years in America during the depression, *A cena col commendatore* (1950) and *Le lettere da Capri* (1954).

1. **Quando, un ronzio un fruscio:** 'suddenly, with a hum and a rustle'. *Lit.* 'When, a hum and a rustle.'

2. **35 all'ora:** 35 kilometres per hour is a little over 21 m.p.h.

3. **Non dirò di spuntarla sempre:** 'I won't say I always succeed.' *Dire*, like *credere*, and some other verbs, can be followed by the inf. when, in English, the subject of the subordinate clause is the same as the subject of the main verb.

4. **una pesante macchina da viaggio, col carter e i freni interni:** 'a heavy touring model with chainguard and hub brakes'. Note 'a racing model': *una bicicletta da corsa. Il carter:* so called after the English inventor F. H. Carter.

5. **pensavo i magici nomi:** 'I went through the magic names.' Notice the uses of *pensare;* (i) when trans., as here: to run (something) over in one's mind; (ii) *pensare a:* to direct one's thought to (something); (iii) *pensare di:* to hold a certain opinion of (something).

6. **Martano, Piemontesi, Giacobbe:** racing cyclists famous in the late 1920's and 1930's; Ganna, Gerbi, etc., mentioned later, were famous some twenty years earlier.

7. **scattò:** 'he sped away': *lit.* 'sprang up'.

8. **traguardo:** *lit.* 'finishing line': *fig.* prize awarded to first competitor past certain intermediate points in a race.

9. **Con mia grande sorpresa:** 'to my great surprise'. Note idiomatic omission of def. art.

10. **per poco non cessai:** 'I nearly stopped.' *Non* here is pleonastic.

11. **non ce la facevo piú:** 'I wouldn't make it.' From *farcela*. The imperfect is often used in conversation instead of a conditional perfect.

12. **Borgosesia:** a small town in the foothills of the Piedmontese Alps, north of Vercelli.

13. **ischiantarsi:** 'to burst', from *schiantarsi*. Nouns and verbs beginning with *s impure* often add initial *i* when preceded by prepositions ending with a consonant. E.g. *in Ispagna, in iscritto*.

14. **la Cremosina:** a famous local climb.

3

LA DOCCIA

by VITALIANO BRANCATI

BRANCATI (1907–1954) is best known for *Don Giovanni in Sicilia* (1942), a delightful satire on Sicilian *gallismo*, *Il vecchio con gli stivali* (1945), the collection of short stories from which *La doccia* comes, and *Il bell'Antonio* (1949). In the two last-named works the gentler satire of Brancati's youth was made more savage by the revulsion which he felt for the cruelty of man as revealed in fascism, war, and the civil war which began in 1943.

1. **pur abitando:** 'although living'.

2. **medico condotto:** 'municipal doctor'.

3. **recipiente di fortuna:** 'makeshift container'.

4. **fino a spingere un rigagnolo:** 'until he sent a trickle'.

5. **irrompa:** subj. after an indef. antecedent; a kind of generic subj.

6. **in questa camera par di volare:** 'you feel as if you are flying in this room'. *Lit.* 'in this room it seems to fly'.

7. **il vetraio non viene nemmeno a pregarlo a faccia per terra:** 'the glazier won't come even if you go on your knees (*lit.* with your face on the ground) to ask him'.

8. **lo scirocco:** the Sirocco (or Scirocco), a hot, damp, south-east wind, but the name is sometimes applied regardless of direction.

9. **Per bacco!** A mild oath.

10. **di nuovo l'occhio gli si velò:** 'his eyes once more became misty'. Italian sing. for English pl.: Italian indirect object pronoun for English possessive adj.

11. **ne seguiva lo snodarsi e svolgersi in lunghe righe:** 'he followed their movements as they wriggled about and formed long lines'. *Lit.* 'He followed their wriggling and forming . . .'

12. **Strascicone... Càntero:** 'loafer, you waste the water you drink (i.e. you are useless), idler, lounger, umbrella (i.c. unwashed), mattress-presser, bed-pan.'

13. **perché gli ricadesse in piena faccia:** 'so that it would fall again right in his (own) face'.

4

SEDUTA SPIRITICA

by ALBERTO MORAVIA

ALBERTO MORAVIA is the pseudonym of Alberto Pincherle, born in Rome in 1907, author of a large number of novels and short stories, including *Gli Indifferenti* (1929), *Agostino* (1945), *La Romana* (1947), *La Disubbidienza* (1948), *Racconti Romani* (1954), *La Ciociara* (1957), *La Noia* (1960).

1. **non avevo di meglio da fare:** 'I had nothing better to do.'
2. **appunto:** 'as I had imagined'. *Lit.* 'precisely'.
3. **mobili... fabbricati in serie:** 'mass-produced furniture'.
4. **vestiti di scuro:** 'wearing dark suits'. *Lit.* 'dressed in dark (suits)'.
5. **risposi di sí, a caso:** 'I said she had, on the off-chance.'
6. **mi prese sottobraccio:** 'took me by the arm'.
7. **avevo sbagliato indirizzo:** 'I had come to the wrong address.' *Lit.* 'I had mistaken the address.'
8. **istinto di giuoco:** 'gambling instinct'.
9. **asserendo di essere stato mandato:** 'in asserting that I had been sent'. Inf. instead of a subordinate clause (cf. p. 110 note 3).
10. **si diede una stropicciata alle mani:** 'rubbed his hands together'.
11. **alle loro spalle:** 'behind their back'. *Lit.* 'shoulders'.
12. **ad un esploratore... non vien fatto di ridere:** 'an explorer who turns up in the middle of a horde of totem-worshippers finds it no laughing matter'.
13. **ciò basterà a mandare a monte:** 'that will be enough to spoil the experiment completely'.
14. **dando in smanie:** 'starting to get all worked up'.
15. **vada pur dentro:** '*do* go in'. *Pure* here merely emphasizes the verb.

5

SOLA IN CASA

by ELIO VITTORINI

ELIO VITTORINI (1908–1966), best known for *Conversazione in Sicilia* (1941) and *Uomini e no* (1945), was one of the most stimulating writers in Italy in the 1940's, but has published little recently. This story comes from the early collection *Piccola borghesia* (1931), which dealt mainly with psychological problems and the theme of escape.

1. **A momenti sarebbe stato mezzogiorno:** 'any moment now it would be noon'. Italian perfect conditional since the narrative is in the past.

2. **via da alcuni giorni:** '(who had been) away for a few days'.

3. **negare a nessuno di essere per un giorno felice:** 'deny anyone a day's happiness'.

4. **perché venisse la voglia... molte:** 'so that you would want to have lots of them'.

5. **a sbucciarsi:** 'when you peel them'.

6. **E se andassi un po' a zonzo:** 'what if I were to go for a short stroll?' *Lit.* 'And if I went . . .'

7. **Bisognava forse pensarci prima:** 'She ought perhaps to have thought about it before.' English perfect inf. for Italian present inf.

8. **Le venne voglia di:** 'she was seized by a desire to . . .'

9. **bianche di seta:** 'white with silk.'

10. **Quanto desiderio... davvero!:** 'How she desired and feared that those arms would really plunge down!'

11. **sapessi:** 'if only you knew . . .'

12. **dopo mangiato:** 'after lunch'.

13. **E se provasse:** see note 6 above.

14. **non si faceva in tempo:** 'one couldn't be quick enough'.

6

LA CITTÀ

by CESARE PAVESE

FOR Pavese, see the *Introduction*. Works include *La bella estate* (1949), *La luna e i falò* (1950).

1. **che ci si mette e vuota il sacco:** 'starts off and has his say'.

2. **inchiodato:** 'motionless'. *Lit.* 'nailed down'.

3. **non andò fuori corso:** 'was within the appointed period (i.e. for a degree course)'.

4. **sarebbe andato fuori corso:** see note 3 above.

5. **risiedere:** 'to be in residence (at the University)'.

6. **non gli faceva grazia di un mese continuo:** 'would not let him off for a whole month'. *Lit.* 'did not give him the favour of . . .'

7. **facevo sforzo per:** 'I found it difficult to . . .'

8. **Sandrino aveva di bello che:** 'one good thing about Sandrino was that'.

9. **E con questo:** 'what difference does that make?'

10. **sopraluogo:** 'an on-the-spot investigation' (often of the scene of a crime etc.).

11. **ci stetti:** 'I agreed.'

12. **al calare del giorno:** 'when evening set in'.

13. **cambiò discorso:** 'she changed the subject'. *Lit.* 'the conversation'.

14. **toccarono l'uscio:** 'someone knocked at the door'.

7

LA BALLERINA DI CARTA
by GIUSEPPE DESSÍ

DESSÍ, born at Villacidro, Sardinia, in 1909, is perhaps best known for two volumes of short stories, *L'isola dell'angelo* (1957) and *La ballerina di carta* (1958), and for the novel *Il disertore* (1961).

1. **quinta elementare:** fifth form in an elementary school, for children ten years old.

2. **Complementari:** the *Ferrovie Complementari* is a private railway company, operating narrow-gauge branch lines.

3. **in fatto di orari:** 'as regards timetables'.

4. **non gli andava:** 'it didn't suit him'.

5. **doveva esserci sotto un trucco:** 'there must be a catch in it'.

6. **Fluminera** (or **Flumminera**)**:** the story seems to be set in Dessí's native town, Vallacidro, the only town on the Flumminera, but the Archbishop's palace and the *muraglione* seem to be added, perhaps from Cagliari.

7. **perpetua:** housekeeper to a priest, after Perpetua, housekeeper to Don Abbondio in Manzoni's novel *I promessi sposi*.

8. **direttore didattico:** headmaster of an elementary school.

9. **uscí a dire:** 'came out with the statement'.

10. **detta comunemente dell'isola:** 'generally called *pietra dell'isola*'.

11. **fece fatica:** 'had a job'.

12. **C'entrava però don Libero:** 'Don Libero was involved, however.'

13. **avvolto:** 'having wrapped'. An absolute construction.

14. **restaurare l'economia curtense:** 'make the house economically self-sufficient again'.

15. **fosse:** subj. since the noun clause which is the object of *si seppe* precedes the main verb.

16. **spianato:** 'aimed' (at them).

8

LA MADRE

by NATALIA GINZBURG

NATALIA GINZBURG, born in 1916, is perhaps best known for *Valentino* (1957) the volume of stories from which *La madre* is taken, and the short novel, *Le voci della sera* (1961). Her style is direct and colloquial, comparatively easy to read, but its apparent simplicity conveys a remarkable depth of psychological insight.

1. **perché loro s'addormentassero:** 'so that they would go to sleep'.

2. **farina gialla:** flour made from maize.

3. **gente forte nel permettere e nel proibire:** 'people strong in (being able to) allow and forbid (things)'.

4. **saltati in aria:** 'blown up'.

5. **loro gli portavano del pane:** 'they used to take them some bread'. *Gli* is often used in modern Italian instead of *loro* as the third person indirect object pronoun. See also p. 5.

6. **si facevan dare da Diomira:** 'they got Diomira to give them . . .' Note that the normal construction in Italian is *far fare a*, except when the first *fare* is reflexive, as here, or when the inf., as here, is one which can also take an indirect object, when the agent is expressed by *da*.

7. **ricreatorio:** a room or courtyard attached to the local church or priest's house where children can play.

8. **pizza:** kind of savoury cake or pancake.

9. **Per quello che te ne importa dei tuoi bambini:** 'a lot you care about your children!'

10. **da quella cagna pazza che sei:** 'like the mad bitch you are'.

11. **stando curva sulla catinella:** 'bending over the wash-basin'.

12. **pastasciutta** (or **pasta asciutta**): pasta (i.e. spaghetti, macaroni, or something of the same sort), served comparatively dry, with a small quantity of sauce or gravy, as distinct from pasta or minestra *in brodo*, i.e. served in soup.

13. **aveva un fare così buffo e carino:** 'had such a funny endearing way with him'.

14. *Saturnino Farandola, Robinson delle praterie:* well-known children's books, no longer as popular now as in the 1940's.

15. **che gli serviva il quaderno:** 'that he needed the exercise-book'.

16. **faceva finta di niente:** 'he was pretending not to'.

17. **da morti si va:** 'when you're dead, you go . . .'

18. **c'entrassero per qualche cosa con la madre:** 'had anything to do with their mother'.

9

IN ESILIO

by Giorgio Bassani

Bassani, born in 1916, began his literary career as a poet, but soon turned to novels and short stories. All his books are set in Ferrara, often in the Jewish community, and he excels in the gentle and loving, but often painful, evocation of the past. His best works are *Gli occhiali d'oro* (1958), later included in *Le storie Ferraresi* (1960), from which this story is taken, *Il giardino dei Finzi-Contini* (1962), and *Dietro la porta* (1964).

1. **Bianchi da turismo:** 'a Bianchi touring model'. Bianchi is a well-known make of bicycle.

2. **tanto di pennoncello tricolore:** 'an enormous tricolour streamer'.

3. **putín:** 'a little boy' (dial.).

4. **Sta il fatto:** 'the fact remains'.

5. **Corso (della) Giovecca** is one of the main roads of Ferrara.

6. **buttare là un 'ciao':** 'to call "hello" '.

7. **mi sono iscritto in Lettere:** 'I registered in the Faculty of Arts.'

8. **ci sta di casa:** 'where literature lives', i.e. is in its natural setting, because of Bologna's literary associations.

9. **Bugatti:** a famous early make of car.

10. **Monselice:** a small town north of Ferrara.

11. **il "grimo":** 'his "old man" ' (*lit.* 'wrinkled').

12. **Tale e quale come:** 'just like'.

13. **Bosco:** a wine.

14. **via Veneto:** one of the most elegant streets in Rome.

15. **non ce la faceva piú a mandare avanti l'azienda da solo:** 'he couldn't keep the business going on his own any more'.

10

I POVERI

by CARLO CASSOLA

BORN in 1917. This story is taken from the collection *La visita* (1942). In this, as in his best works, *Il taglio del bosco* (1959) and *La ragazza di Bube* (1960), Cassola excels at the careful exploration of character and motives.

1. **Visitatrice:** *lit.* 'visitor', i.e. social welfare worker.

2. **Come vuole che stia:** 'How do you expect him to be?'

3. **Di salute, starebbe discretamente:** 'As far as his health is concerned, he's not too bad.' The conditional implies that something else is wrong.

4. **sussidio:** probably a *sussidio di disoccupazione*, 'unemployment benefit'.

5. **E sí che:** an emphatic way of introducing a statement.

6. **discorso sovversivo:** 'subversive talk'. The story is set in the period of the Fascist dictatorship (1922–1943). Fascism derived much of its support from the middle class, while the Socialist opposition, at least in the north, was mainly supported by the working class.

7. **Quant'è che siete malata:** 'How long have you been ill?'

8. **quanto vi ci vorrà per rimettervi** (i.e. **in salute**): 'How long will it take you to get better?'

9. **di assistere me:** 'to look after *me*'. The disjunctive pr. after the verb is emphatic.

10. **Di lí a un minuto:** 'a moment later'.

11. **tanto per cominciare:** 'to begin with'.

12. **tant'è:** 'all the same'.

13. **la guerra:** the 1914–18 war. **Salonicco** is Salonica, in Greece.

14. **L'Osservatore Romano:** The Vatican newspaper.

15. **perché fosse assunto:** 'to get him taken on'.

16. **i limiti di ëtà:** 'statutory retiring age'.

17. **a quanto risultava a suo cognato:** 'from what her brother-in-law heard' (*lit.* 'gathered', 'understood'). Cf. *mi risulta che:* 'I understand that' and *da quel che mi risulta:* 'as far as I know'.

18. **l'appoggio del Fascio:** 'the support of the local Fascist party'.

11

LE VISIONI DI FRA GELSOMINO
by LUIGI SANTUCCI

SANTUCCI, born in 1918, is a minor writer who combines a delightful sense of humour with deep piety. This story is from the collection *Lo zio prete* (1951).

1. **poverelli:** 'poor men'. St. Francis of Assisi (1182–1226) was known as *il poverello di Assisi*, his friars as *la poverella gente* or *i poverelli*, because of the Franciscan emphasis on poverty.

2. **non valsero:** 'were powerless'.

3. **impedimenti canonici:** 'canonical impediments', i.e. obstacles, as defined by canon law, to entering the religious life.

4. **bussasse:** 'knocked'. A generic subj. after **ogni... dove.**

5. **fosse:** 'whether it was'.

6. **succo di Noè:** 'Noah's juice', i.e. wine. See *Genesis*, chap. ix, vv. 20–21.

7. **il Maligno con tanto di corna:** 'the Evil One with great horns'.

8. **per farne un avventurato galantuomo:** 'to make a lucky man out of that worthy'. *Galantuomo* means 'man of honour and integrity', and is not quite the same as the English 'gentleman'.

9. **gli vien messo dinnanzi:** 'is put in front of him'. *Venire* is sometimes used as an aux. in passive constructions.

10. **si gridava ormai al santo:** 'people were proclaiming him a saint now'.

11. **comari:** in addition to its primary meaning of 'god-mother', this word is also used to mean 'gossip' or 'neighbour'.

12. **godeva a tu per tu con Gesú Cristo:** 'enjoyed on intimate terms with Jesus Christ'.

13. **dicesi:** i.e. **si dice,** 'so they say'.

14. **le mani in testa:** 'with his head in his hands'.

12

LA MIA UNIVERSITÀ

by NINO PALUMBO

BORN 1921. Author of *Impiegato d'imposte* (1957), a realistic study of the corruption of a minor tax official. This story is taken from the anthology *Racconti Nuovi* (1960), ed. by D. Rinaldi and L. Sbrana.

1. **Uscii... di sera:** 'it might have been half-past eight in the evening when I left home'.

2. **Dante:** Dante Alighieri (1265–1325), Italy's finest poet. Works by him referred to in this story are *La vita nova,* in prose and poetry, an account of his youthful love for Beatrice, and the *Divina Commedia,* a journey through hell, purgatory and heaven, culminating in a vision of God.

3. **I miei:** 'my family'.

4. **Anonimo:** the anonymous fourteenth-century *Ottimo Commento.*

5. **Boccaccio:** Giovanni Boccaccio (1313–75) wrote both a life of Dante and an unfinished commentary on the *Inferno.*

6. **portone:** 'main door' (in this case, of a block of flats).

7. **Castello Sforzesco** (the Sforza Castle) is one of the most prominent historic buildings of Milan. Erected in 1450 for Francesco Sforza, then Ruler of Milan, it was later altered and added to by Bramante and Leonardo da Vinci. Today it houses a famous gallery of pictures and an archaeological museum as well as a library.

8. **colpiva di piú:** 'was all the more striking'.

9. **Mi si dava del lei:** 'they addressed me as *lei*'; i.e. by speaking to him in the polite third person singular, the assistant was treating him as an adult, not as a child or an inferior. Notice, however, that the librarian later uses the *tu* form, but as a friendly gesture.

10. **facesse per me:** 'suited me'.

11. **la restituzione va fatta:** 'books should be given back'.

12. **A metà del secondo ginnasio:** i.e. between 14 and 15 years old. *Il secondo ginnasio* (or *ginnasio superiore*) is the term for the first two classes of *liceo classico* or grammar school.

13. The opening sentence of the *Vita Nova*.

13

BICICLETTONE
by Pier Paolo Pasolini

Born in 1922. Has written poetry in Italian and Friulan dialect, as well as neo-realistic novels such as *Ragazzi di vita* (1955) and *Una vita violenta* (1959), in which he makes free use of Roman dialect and slang, describing chiefly the lower and even criminal classes of Rome. This story is from *Nuovi Racconti*.

1. **Bada che ti lancio in alto:** 'Careful, I'll push you high!'
2. **A maschi:** 'Hey, boys!' (Roman dialect).
3. **A moro... me dai 'na spintarella:** 'Hey, darkie, will you give me a bit of a push?' (Roman dialect).
4. **Ponte Sisto:** the Sisto Bridge over the Tiber.
5. **sai portare la barca:** 'can you row?'
6. **Ammazzalo:** 'Good Lord!'
7. **al verde:** 'in the red', 'broke'. *Lit.* 'in the green'. An idiomatic adverbial expression, meaning 'at the end', and extended to mean 'at the end of one's money', which goes back to the fourteenth century and is found in Petrarch. It derives from the custom of colouring the base of candles green and their use at auctions, where, when the flame reached the green part, and the candle was almost burnt out, bidding had to stop.
8. **gràndola:** dialect for *ghiandola*.
9. **faccio la seconda:** 'I'm in the second form.' The *seconda elementare* is normally for children aged seven.
10. **Che ci vuole a remare così:** 'What does it cost to row like that?'
11. **me** (for *mi*) **fai montà** (for *montare*): 'will you take me on?'
12. **scopa:** popular card game for two or four players.
13. **'Europeo':** name of a weekly magazine.
14. **Tiè** (for *tieni*): 'here you are'.
15. **comprà:** for *comprare* (Roman dialect).
16. **tientele:** 'hang on to them'.

17. **ciài:** for *ci hai*. The *ci*, common in colloquial Italian, is pleonastic. Cf. the narrator's earlier *Non ci ho neanche un soldo*, p. 86, and note 7 above.

14

FUNGHI IN CITTÀ
by ITALO CALVINO

BORN in Cuba in 1923, Calvino achieved fame with *Il sentiero dei nidi di ragno* (1947), one of the best books inspired by the Italian Resistance movement. Perhaps best known for the three short novels, *Il visconte dimezzato* (1952), *Il barone rampante* (1957), and *Il cavaliere inesistente* (1959), now published in one vol. as *I nostri antenati*, which are a mixture of fantasy and reality. This story is from *I racconti* (1958).

1. **i raffreddati del fieno:** 'people with hay fever'.
2. **per studiati che fossero:** 'however carefully designed they were'.
3. **che ingiallisse:** 'turning yellow'. A generic subj.
4. **non notasse:** 'did not notice'. Subj. after a negative antecedent.
5. **già sarebbero da cogliere:** 'they'd be ready to pick'.
6. **a Marcovaldo era antipatico da tempo:** 'Marcovaldo had disliked him for a long time.'
7. **quanto tempo ci voleva:** 'how much time it took'.
8. **fece:** 'said'.

15

L'ORA DEL GIOVEDÍ
by GIUSEPPE CASSIERI

BORN in 1926. A prolific novelist with a gift for accurate observation of the social scene. Works include one volume of short stories, *La siesta* (1959), from which this story is taken, and several novels, including *La cocuzza* (1960), *Notturno d'albergo* (1961) and *Il calcinaccio* (1962).

1. **campagna reatina o abruzzese o ciociara:** Rieti is a province of Lazio, the region around Rome: Abruzzi e Molise is the region to the east of Rome, and Ciociaria is a district to the south-east of Rome.

2. **posticino:** 'little job'. The use of the diminutive, with slight overtones of affection, is ironical here, as is the use of *anzianità*, normally meaning 'seniority', for 'age', when the maids had presumably been sacked because they were no longer able to work as hard as young girls.

3. **in tronco:** '(who had been) suddenly sacked'.

4. **mance fuori calendario:** 'extra tips' (in addition to those normally given at Christmas, etc.).

5. **Non mi bastano di sigarette:** 'That wouldn't keep me in cigarettes.'

6. **terrone:** *terrone, m., terrona, f.,* is used as a derogatory term to denote all Southern Italians, especially those who emigrate to the North.

7. **non la smetteva di approvare col capo:** 'kept nodding her approval'. *La* is pleonastic.

8. **avellinese:** Avellino is a province of Campania, the region around Naples.

9. **di mondo ne ho girato:** 'I've seen something of the world.'

10. **darmi del 'lei':** Adele insists on being treated with respect.

11. **viva la faccia:** 'good for him!'

16

CANI SENZA PADRONE
by LUIGI DAVÍ

BORN in 1929, Daví is unusual among Italian writers in being a factory worker with little formal education. Has published *Gymkhana-cross* (1957), from which this story is taken, and a short novel, *Uno mandato da un tale* (1959), and writes mainly about the factory workers he knows so well. Daví is not concerned with the issues of social justice and economic exploitation, as are many who write about the working class, but aims at describing the life of the workers, their pastimes and their periods of unemployment.

1. **manco a cercarli:** 'not even if they looked for them'.

2. **accompagnandosi sul suo passo:** 'keeping in step with him'.

3. **solo piú:** *coll.* for *solo*.

4. **col solo sembrare piú alto:** 'simply by looking taller'.

5. **volendolo:** 'if you want to'.

6. **'terra di nessuno':** 'no-one's girl-friend' (*lit.* 'no-man's land').

7. **gli spediti:** 'those sacked'.

8. **fumando gli veniva di parlare:** 'when he smoked, he felt like talking'.

9. **pellaccia:** 'tough skin'. A play on *pelliccia*. *Una pellaccia dura* is a 'tough nut'.

10. **non mi va di scherzare:** 'I don't feel like joking'.

11. **ne succedono tante:** 'so many things happen'.

12. **per mano:** 'around (each) hand'.

13. **puntò... un paio di passi:** 'took a couple of steps'.

14. **Dai, su:** 'come on'.

15. **Eravamo rimasti all'andare:** 'we had got as far as going'.

16. **quanto diavolo di tempo ci voleva:** 'what a hell of a time they were taking'.

17. **dillinger:** probably from John Dillinger, the American gangster killed by the F.B.I. in 1934, the first man to be called 'public enemy number one'. Used here to denote a man of loose morals. The noun may have been derived from the popular film *Dillinger*, made by Monogram Pictures Corporation in 1945.

18. **Santa Marta:** i.e. his wife's name-day, 29 July.

19. **te:** emphatic for *tu*. Coll.

20. **Se ci pensi tu a metterci la stacca:** 'If you'll see about putting a muzzle on him.'

VOCABULARY

Unless otherwise stated, nouns ending in -o are masculine and those ending in -a are feminine. To assist the student where accentuation is difficult, the stressed syllable is indicated by an accent, although this does not appear in the text. Words explained in the notes are not usually repeated in this vocabulary.

A

abbàglio, mistake
abbaiare, to bark
abbaino, sky-light
abbeveratoio, drinking-trough
abbiezione, *f.*, degradation
abbordare, to approach
abbottonare, to button
abbracciare, to embrace
abbuiarsi, to darken
àbito, clothes; *eccl.*, habit; **vestire l' —,** to enter the religious life
accalorato, *part. adj.*, heated
accampare, to assert (rights)
accanto, near; **— a,** next to
accappatoio, beach-wrap
accarezzare, to caress; to cherish
accartocciare, to shrivel
accavalciare, to cross (one's legs)
accèndere, to light; to switch on
accennare, to hint at; to indicate; to nod; to show signs of
accentuare, to stress

acceso, lit; vivid
accetta, hatchet
acchiappare, to catch
acciaio, steel
accídia, sloth; exasperation
acciottolato, cobbled paving
acciuga, anchovy
accoccolato, crouched
accogliente, *part. adj.*, hospitable
accogliere, to receive
accomiatarsi, to take one's leave
acconcio, suitable
accondiscéndere, to yield
accontentare, to satisfy
accoratamente, sadly
accordo, agreement; **andar d' —,** to get on well together
accosciare, to crouch
accostare, to bring near; **— si,** to approach
accucciarsi, to sit
accuratamente, carefully
aceto, vinegar
acetosa, fizzy lemonade
acquaio, sink
acquattato, *part. adj.*, hidden
acquisto, purchase

acuminato, *part. adj.*, pointed

adattarsi, to suit

addentro, inside; within

addirittura, completely

addossarsi, to make oneself responsible for

addosso, on; upon; on one's back

aderente, close

aderire (a), to assent (to)

adoperarsi, to exert oneself

adusto, sun-burnt

affanno, exertion; trouble

afferrare, to seize

affezionato (a), fond (of)

affidare, to entrust

affilato, *part. adj.*, pointed

affiorare, to appear; to come to the surface

affittare, to let

affitto, rent; lease; prendere in —, to rent

affondare, to sink

affusolato, *part. adj.*, tapering

agenda, appointment book

agenzia, agency

agevolmente, easily

agghiacciare, to freeze

aggirare, to wander about

aggrapparsi (a), to cling to

aggrovigliato, *part. adj.*, entangled

agiato, well-to-do

agognato, *part. adj.*, coveted

agraria, agriculture

aia, threshing floor

aiola, flowerbed

alabastraio, worker in alabaster

alato, *part. adj.*, eloquent

alberato, planted with trees; tree-lined

alberatura, line of trees

àlito, breath

allacciato, *part. adj.*, entwined

allagare, to flood

allargare, to open wide

allattare, to give suck to

allenamento, training

allettato, *part. adj.*, bedridden

allinearsi, to form a line

allogare, to find a place for

allontanarsi, to go away

allungare, to hand

allungarsi, to stretch

altalena, swing

altrettanto, equally

alzare, to raise

amaro, bitter

ambiente, *m.*, surroundings

amicízia, friendship; fare — con, to make friends with

ammazzare, to kill

ammirato, *part. adj.*, lost in wonder

ammobiliato, *part. adj.*, furnished

ammonticchiare, to pile up

amplesso, embrace

analfabeto, illiterate

anca, hip; thigh

andatura; pace

andirivieni, *m.*, coming and going

andito, passage

androne, *m.*, entrance-hall

angusto, narrow

animarsi, to get excited

ànimo, mind

annaffiare, to water

annegare, to drown
annusato, *part. adj.*, sniffed at
ansare, to pant
anteriore, *adj.*, front
antiràbbico, *adj.*, anti-rabies
antro, den
anzi, indeed; in fact
anzianità, seniority; length of
service
anziano, elderly
ape, *f.*, bee
appannare, to mist
appariscente, conspicuous;
striking
appastarsi, to thicken to a paste
appeso, *part. adj.*, hanging
appetire, to hunger for
appiattito, *part. adj.*, flattened
applicare, to attach; to stick
appoggiare, to lean
appòsito, special
apposta, on purpose
appunto, precisely; **per l' —,**
as it happens
aranciata, orangeade
arancio, orange
arbusto, shrub
arcivescovile, archbishop's
argine, *m.*, bank
argomento, subject
armeggiare, to fumble
arnese, *m.*, (fam.) thing
arrabbiarsi, to get angry
arrampicarsi, to climb
arrecare, to cause
arretrare, to recoil
arrivare (a), to succeed (in)
arrossare, to redden
arrotolare, to roll
arruffato, *part. adj.*,
dishevelled

artiglioso, claw-like
ascella, armpit
asciugare, to dry
asilo, shelter
asinello, ass
aspro, harsh
assediato, *part. adj.*, beseiged
assegnamento, reliance; **far
— su,** to count on
assegno, allowance; **— familiare,** family allowance
assentarsi, to absent oneself
asserire, to assert
assetto, good order
assicurare, to assure; **— si,**
to make sure
assiepato, crowded
assimilare, to absorb
assomigliare, to resemble
assonato, *part. adj.*, sleepy
assorto, intent
assumere, to take on
astémio, abstemious
astrazione, *f.*, abstract concept
astúzia, cunning
àtrio, entrance hall
attaccare, to affix; **— si,** to
cling
atteggiamento, attitude
atterrare, to knock down
attirare, to attract
atto, action; **mettere in —,**
to put into action
augurarsi, to wish; to hope
autonomía, independence
avanzato, left over
àvid- o, greedy; **-ità,** greed
avvallamento, depression
avveduto, *part. adj.*, shrewd

avvelenamento, poisoning

avventízio, casual or temporary employee

avventore, m., customer

avventurarsi, to venture

avventurato, lucky

avverarsi, to be fulfilled

avvertire, to notice; to point out; to inform; to warn

avviarsi, to go

avvilirsi, to lose courage

avviluppare, to envelop

avvocato, lawyer; advocate; champion

avvolto, part. adj., wrapped

azionato, part. adj., worked

azzeccare, to hit the mark

B

baciare, to kiss

bàcio, kiss

bada, adv. phr., tenere a —, to hold at bay

badare, to be careful; — a, to pay attention to

baffo, usu. pl., moustache

bagnato, part. adj., wet

bagnino, bathing attendant

balaustra, communion-rail

balbettare, to stammer

baldòria, merry-making

bàlia, nurse

ballo, dance

balocco, toy

balsamo, balm

balzare, to leap

balzelloni, adv., bouncing

bàmbola, doll

baracca, shed; hut

baràttolo, jar

barbazzale, m., curb-chain

barcamenarsi, to manage to get along

basco, beret

bassa, south (of Italy)

basto, pack-saddle

bastonata, beating

battente, m., door-knocker

battezzare, to baptize

bàttito, beating

bàvero, collar

bè, excl., well

bearsi (di), to delight (in)

beffa, joke; farsi — di, to make fun of

beffardo, mocking

belva, wild beast

bendidío, abundance

benefattore, m., benefactor

benemerenza, merit

bernòccolo, bump

berretto, cap

bestèmmia, blasphemy

bestiola, little animal

béttola, wine-shop

bevuta, drinking bout

biada, corn; fodder

biancheggiare, to show white

biascicare, to mutter

bíbita, drink

bibliotecàrio, librarian

biella, lever

bighellonare, to walk aimlessly

bilanciare, to balance

birra, beer

bisbigliare, to whisper

blatta, cockroach

boccale, m., jug; tankard

bollire, to boil

borbottare, to mutter

borbottío, muttering

bordo, border

borsetta, *dim.* of borsa, handbag

boscaiolo, wood-cutter

botto, blow; **d'un —,** all at once

bracciante, *m.*, labourer; farm-hand

bracciata, stroke

braccetto, *adv. phr.*, **a —,** arm in arm

brace, *f.*, embers

bramosamente, longingly

bravura, skill

brina, hoar-frost

brívido, shudder

brontolare, to grumble

brulicare, to swarm; to teem

bruschezza, brusqueness

brúzzolo, first light

bucato, washing; **di —,** freshly laundered

bùccia, skin; peel

buco, hole; **— di scarico,** outlet hole

bufera, gale; **— di neve,** snow-storm

buffo, comic

buffone, *m.*, buffoon

buiore, *m.*, darkness

burba, novice (slang)

burina, peasant

buscarsi, to obtain; to get

bussare, to knock

busso, blow

butterato, *part. adj.*, pock-marked

C

caccia, hunt

cacciare, to hunt; to chase; to pull; **— indietro,** to restrain

cagna, bitch

cagnesco, surly; **guardare in —,** to scowl at

cagnolino, puppy

calcagno, (*pl.* **-i;** *fig.* uses, **-a,** *f.*), heel

càlcio, kick

calce, *f.*, lime; **imbiancato a —,** white washed

calore, *m.*, ardour

calvo, bald

calzoni, *m.pl.*, trousers

calzoni-grembiule, *m.*, overalls

càmice, *m.*, white coat

campagnolo, *n.* and *adj.*, rustic

campicello, *dim.* of campo, little field

campione, *m.*, champion

camposanto, cemetery

canàglia, (*joc.*) rascal

canalone, *m.*, large conduit

canarino, canary

cancellata, railings

cancello, barred gate

canicolare, extremely hot

canoa, canoe

cantone, *m.*, corner

canuto, hoary; white

capacitarsi, to understand

capézzolo, nipple

capitare, to arrive; to occur

capitolare, to capitulate

capòccia, *m.*, head (slang)

caposotto, *inv.*, dive (slang)

cappelluccio, *dim.* of cappello, small hat

cappuccino, Capuchin friar; **color —,** coffee-coloured

capríccio, whim

capriolo, somersault

caramella, sweet

càrica, charge; task; **a passo di —,** at the double; **tornare alla —,** to persist

caricare, to load

caritatévole, charitable

caropane, *m.*, high cost of bread

carosello, roundabout

carponi, *adv.*, on all fours

carriola, wheelbarrow

carrobestiame, *m.*, cattle-truck

cartello, placard; poster

cartilàgine, *f.*, cartilage

cartòccio, paper bag

caso, case; **non fare — di,** pay no attention to; **a —,** at random

casolare, *m.*, hovel

cassa, box

casseruola, saucepan

castagna, chestnut

castagnette, *f.pl.*, castanets

castano, chestnut-coloured

castigo, punishment

catapécchia, hovel

catena, chain

catinella, wash-basin

cautela, caution

cavallo, horse; **a — di,** astride; riding on

cavare, to pull out

cavarsela, to manage fairly well; to get out of a difficulty

cavezza, halter

cavíglia, ankle

céncio, rag

cenno, sign

centrale, *f.*, power station

ceppo, trunk

cerchiato, *part. adj.*, rimmed

cespùglio, bush

cesso, lavatory

cesto, basket

chetamente, quietly

chiàcchiera, gossip

chiappa, buttock

chiasso, uproar

chiave, *f.*, clef, key; **— di basso,** base clef

chicco, grain (of corn)

chinarsi, to bend down

chincàglie, *f.pl.*, trinkets

chino, bent

chinotto, drink flavoured with bitter orange or tangerine

chiodo, nail

ciao, goodbye; hello

cibo, food

cicaléccio, chatter of many shrill voices

cigno, down

ciliegia, cherry

címice, *f.*, bed bug

cinta, perimeter

circondare, to surround

cittadino, *n.*, citizen; *adj.*, city

ciuco, ass, donkey

ciuffo, cluster; forelock

clausura, enclosure

clientela, customers

coccodrillo, crocodile

codazzo, train of people

coetàneo, of the same age

collega, *m.f.*, *m.pl.* **-ghi,** colleague

collocare, to find employment for

collòquio, conversation

colmo, full

colonetta di benzina, petrol-pump

colpa, guilt; **avere —,** to be to blame

coltello, knife; **— a serramanico,** clasp-knife

comare, *f.*, godmother; 'gossip'

combinare, to achieve

comígnolo, ridge of a roof

comitiva, party; group

commentato, *part. adj.*, annotated

commesso, -a, shop assistant; clerk

comodino, bedside cupboard

còmodo, convenient; **fare —,** to be useful

compaesano, person from the same village or district

compatimento, sympathy

compiacente, *adj.*, willing

compiaciuto, *part. adj.*, pleased

compilare, to fill in

compire, to carry out; to work

cómpiti, *m.pl.*, homework

cômpito, *part. adj.*, polite

comportarsi, to behave

comprensivo, comprehending

compulsare, to consult

compunto, compunctious

compunzione, *f.*, demureness

comunque, however

concepire, to imagine; to understand

conficcare, to thrust in

confinante, *m.*, owner of adjoining land

congedo, leave

congiungere, to join

congrega, group

coníglio, rabbit

conoscenza, acquaintance; **legare — con,** to get to know

conserto, folded

consíglio, advice

contare, to count; **— di,** to intend

contegno, behaviour

contemporaneamente, at the same time

contíguo, adjoining

contingenza, cost of living allowance

conto, regard; opinion; **tenere in — di,** to regard as

contorto, *part. adj.*, twisted

contrada, stretch of country; district

contrattuale, contractual

controcorrente, against the current

convegno, meeting

convenévoli, *m.pl.*, complements; conventional expressions

convenire, *impers.*, to be advisable

convenuto, agreed

converso, lay brother

convincimento, conviction

convinto, *part. adj.*, convinced

cooperativa, co-operative society

coperta, blanket

còppia, couple

coprifuoco, curfew

coriàndolo, coriander; **una manciata di -i,** a handful of confetti coricarsi, to go to bed

corrente, *f.*, current; stream

corsa, race; running; da —, racing-model; di —, in a rush

corsia, ward

corso, road (wide, main road)

coscia, thigh

cosidetto, so-called

costeggiare, to go along the side of

costeggiato, *part. adj.*, flanked

costernato, dismayed

covare, to brood over

crepare, to die

crepúscolo, twilight

crespo, curly

cresta, comb

crestina, maid's small cap

criniera, mane

cristallo, glass; crystal

cròcchia, hair-bun

crogiolarsi, to savour to the full

crosta, scab

cruciverba, *m.indecl.*, crossword puzzle

cucinare, to cook

cúffia, bathing-cap

cullare, to rock; to dandle

cúlmine, *m.*, apex

cuoio, leather; — grasso, rawhide

cupo, gloomy

curare, to look after

curtense, self-sufficient

custode, *m.*, attendant

D

darsi, to happen

davanzale, *m.*, window sill

decrepitezza, decrepitude

dèdalo, labyrinth

delitto, crime

delusione, *f.*, disappointment

deporre, to put down

destarsi, to awaken

destra, right hand; prendere a —, to bear right

detriti, *m.pl.* rubble

diàmine, *excl.*, the deuce; che — ?, what the dickens?

dibattersi, to struggle

dietro, *inv.*, back; rear

diffidente, distrustful

difilato, *adv.*, immediately

digerire, to digest; (*fig.*) to put up with

digradare, to slope down

dilagare, to flood

dilatare, to stretch

dileguarsi, to vanish

dimagrito, *part. adj.*, thin; reduced in weight

dimesso, *part. adj.*, humble

diniego, denial

dinnocolato, *part. adj.*, lanky

dipinto, *part. adj.*, painted

dirimpetto, *adv.*, opposite

diritto, right side, front; right

disagio, discomfort, uneasiness

disancorare, to release

disappunto, disappointment

discosto, distant

disegnare, to draw

disgraziato, unfortunate

disinvolto, *part. adj.*, free and easy; unembarrassed

disoccupato, unemployed

dispensa, pantry; storeroom

dispetto, annoyance

dispetto, a — di, despite
disponíbile, available
disporsi, to get ready
disposizione, *f.*, arrangement
disprezzo, contempt
disserrare, to open
dissetarsi, to quench one's thirst
dissomiglianza, unlikeness
distaccarsi, to get separated; to come away
distendere, to lay out; **-si,** to lie down
distesa, expanse
disteso, *part. adj.*, relaxed; stretched
distratto, absent-minded
distribuzione, *f.*, delivery; distribution
ditta, firm
divincolarsi, to wriggle
divorare, to devour
dôccia, shower; (*bldg.*) gutter
dolere, to hurt
domanda, question
donare, to suit
dondolare, to rock; to shake; to swing
dôndolo, swinging object; **poltrona a —,** rocking-chair
donnàccia, slut
dono, gift
dormivéglia, *m. indecl.*, drowsiness; state between waking and sleeping
dovere, *m.*, duty; **in — di,** obliged; **a —,** in the right way
drappello, squad; platoon
dritto, upright; straight

drizzarsi, to stand up
durata, duration
durezza, severity

E

ebbene, *conj.*, well
eccitante, exciting
economia, economics; economy
édera, ivy
elemòsina, alms; **andare all' —,** to beg
elogiare, to praise
emettere, to let out
entomòlogo, entomologist
entrambi, *pr.m.pl.*, both
epidemia, epidemic
equívoco, misunderstanding
erbàccia, weed
erta, slope
esilarare, to amuse
èsile, slender
essudazione, *f.*, exudation
esterrefatto, terrified
estràneo, *adj.*, foreign; extraneous; *n.*, outsider
èttaro, hectare (about two and a half acres)

F

fàbbrica, factory
fagotto, bundle
fallo, failing
familiare, *m.*, member of a household
fànfara, fanfare
fango, mud
fare, *m.*, manner
farfalla, butterfly
farina, flour
fascetta, paper band

fàscia, band
fasciato, *part. adj.*, swathed
fàscio, bunch
fastídio, annoyance
fatica, toil; hard work; **uomo di —,** odd-job man for heavy work; **fare — (a),** to have difficulty (in)
fattezza, feature
fatto, business; **i -i nostri,** our own business
fattoria, farmhouse
fattorino, errand-boy
favoleggiare, to tell tales; to talk
fèdera, pillowcase
felpato, muted; cat-like
fèria, holiday
feritoia, loop-hole
fermata, stop
fermo, still
ferrare, to shoe
ferrato, fitted with iron; **strada -a,** railway
ferro, iron (bar)
fessura, narrow opening
festeggiare, to celebrate
festone, *m.*, festoon
festoso, gay
fiammífero, match
fiancheggiare, to flank
fiasco, flask; winebottle
ficcarsi, to worm in
fico, fig
fidanzato, *n.* and *adj.*, engaged
fidarsi, to trust
fila, line
filare, to speed
filastrocca, rigmarole
filo, thread; line
finanche, *adv.*, even

fíngere, to pretend
filobus, trolleybus
fiorame, *m.*, flower-pattern
fiotto, murmur
fischiare, to whistle
fissare, to stare at
fitto, dense
floreale, florid
fluttuare, to undulate
foga, ardour
fogna, sewer
folata, gust
folto, thick; dense
fonda, pocket
fondo, end; bottom; **a —,** thoroughly
forbito, *part. adj.*, polished
forcina, hairpin
forellino, small hole
formica, ant
formicolare, to swarm
fornaio, baker
fornello, gas-ring
forno, oven; **alto —,** furnace
forse, perhaps; **in —,** undecided
fossato, ditch
fragore, *m.*, crash
frana, landslide
francescano, Franciscan
frantoio, olive-press
frate, *m.*, friar
fraticello, *dim.* of **frate,** humble friar; little friar
frenare, to check
freno, brake; restraint
frequentare, to associate with; to attend
fringuello, chaffinch
fritto, *n.*, fry; *adj.*, fried
frittura, fry

friulano, native of Friuli
fronda, branch
frotta, crowd; mass
frumento, wheat
frusciare, to rustle
fuga, flight
fúlmine, *m.,* lightning; thunderbolt
fulmineo, quick as lightning
fumaiolo, chimney
fumare, to smoke; to steam
fungere (da), to act (as)
fungo, mushroom
funzione, *f.,* service
fusa, *f.pl.,* **fare le —,** to purr

G

gabbia, cage
gaggia, acacia
galantuomo, man of integrity and honour; good man
galleggiante, *m.,* large raft; pontoon
gallina, hen
gambo, stem
gara, competition
gareggiare, to vie
garòfano, carnation
garzone, *m.,* errand-boy
gazosa, fizzy drink
gelo, frost
gèmere, to groan
gerànio, geranium
gerarchia, hierarchy
germinare, to germinate; to sprout
gesto, gesture
gestore, *m.,* supervisor; manager
ghiacciolo, icicle

ghiaia, gravel
ghiàndola, gland
ghigno, sardonic smile; sneer
giocàttolo, toy
giocherellare, to play idly
giornata, day; day's work; **in —,** during the day
giornaletto, comic
giovarsi (di), to profit (from)
girare, to turn; to wander round
giro, circle; circumference; **fare il — di,** to go round; **in —,** around
giubbetto, loose jacket; **— a vita,** lumber-jacket
giunco, rush
giungere, to arrive; **— a,** to happen to
giurare, to swear
glícine, *m.,* wistaria
gòccia, drop
gocciolina, *dim.* of **gocciola,** small drop
godere (di) -si, to enjoy
goffàggine, *f.,* clumsiness
goffo, stupid
gomma, tyre
gonfiare, to swell
gônfio, swollen
gonnella, skirt; slip
gorgheggiare; to warble, to sing continuously
gorghéggio, warbling
gorgozzule, *m.,* (joc.), gullet
gota, cheek
gradino, step
gràffio, scratch
grandinare, to hail
grano, grain; wheat; bead of a rosary

granturco, maize
grattacapo, problem
grattare, to grate
grazia, favour
greto, pebbly bank of river
grillo, cricket
grommato, *part. adj.*, encrusted
gronda, eaves
grondaia, gutter (on roof)
grondante, *part. adj.*, dripping
guadagnare, to gain
guadare, to ford
guado, ford
guai, trouble; guai a voi, woe betide you
gualdrappa, saddle-cloth
guardiano, head of a confraternity
guardarobiera, cloak-room attendant
guardingo, cautious
guastare, to spoil
guinzàglio, dog's lead
guizzare, to dart

I

idròfobo, hydrophobous
illimitato, unlimited
imbarcazione, *f.*, boat
imbattersi (in), to meet by chance; to run into
imboccare (una via), to turn into (a street)
imbrancarsi, to join
imbroccare, to hit (the mark); (*fig.*) to guess correctly
imbrogliare, to cheat
imbrunire, *m.*, dusk
imbuto, funnel
immondezza, filth

impaccio, hindrance
impadronirsi (di), to master
impalcatura, scaffolding
impallidire, to turn pale
impaturgnato, bored (slang)
impegnarsi, to pledge oneself; to become involved
impegnato, *part. adj.*, bound
impellicciato, *part. adj.*, veneered
imperlato, *part. adj.*, pearled
impiccione, intruding
impiegare, to take
impietosire, to move to pity
impietrito, petrified
impigliarsi, to get caught
imponenza, majesty
imprecare, to curse
impresa, undertaking
impuntarsi, to stop dead
incàrico, order; task
incastrato, *part. adj.*, fixed
inciampo, obstacle
incidente, *m.*, accident
incipriarsi, to powder oneself
incollato, *part. adj.*, glued
inconsueto, strange; unusual
incrociato, *part. adj.*, crossed
incrocio, cross-roads
incrostato, encrusted
incuriosito, *part. adj.*, made curious
incùtere, to arouse; — paura a, to strike fear into
indaffarato, busy
indebolito, *part. adj.*, weakened
indicato, *part. adj.*, suitable
indietreggiare, to give way
indolenzito, *part. adj.*, numb
indomani, *m.*, next day

indossare, to wear
indovinare, to guess
indugiare, to linger
indurirsi, to harden
inebriante, intoxicating
ineffàbile, unspeakable
inerpicarsi, to climb
infermiere, *m.*, **-a,** *f.*, nurse
infilare, to go down; to turn into; to slip on
influsso, influence
infreddolito,*part. adj.*,chilled to the bone
ingannarsi, to be mistaken
inghiottire, to swallow; to swallow up
ingiallire, to turn yellow
inginocchiarsi, to kneel
ingioiellato, *part. adj.*, wearing jewels
ingoiare, to swallow
ingolfato,*part. adj.*, immersed
ingordo, greedy
inguine, *m.*, groin
innaffiare, to water
innaffiatoio, watering-can
inquadrato, *part. adj.*, framed
inquilino, tenant
insalata, salad
insaponare, to soap
insegna, sign
inseguire, to pursue
inserzione, *f.*, advertisement
insieme, *m.*, whole
insòlito, unusual
insomma, in short
insospettirsi, to become suspicious
inspiegàbile, inexplicable
intanto, in the first place
intenditore, *m.*, connoisseur

interruttore, *m.*, switch
intervista, interview
intònaco, plaster
intonarsi (con), to tone (with); to match
intontito, stunned
intorpidire, to benumb
intravvedere, to glimpse
intridere, to knead
intrufolarsi, to thrust oneself
intruso, intruder
invecchiare, to grow old
inventiva, originality
inverosímile, unlikely
invetriata, glass door
inviperirsi, to be enraged
ira, anger
irrobustirsi, to grow stronger
irrómpere, *intr.* (*aux.* **essere**), to break into
irto, bristling
ischiantare, to split; to break
iscríversi, to register
íspido, bristling; hairy
ispirarsi (a), to draw inspiration (from)
issarsi, to hoist oneself
istruito, educated person

L

làbile, fleeting
laccato, *part. adj.*, lacquered
làcrima, làgrima, tear
lama, blade
lambire, to lick
lampione, *m.*, street-lamp
lampo, lightning
lana, wool
larghezza, breadth
lattaio, -a, milkman; dairy-woman

làurea, degree
lavandino, washbasin
lavatura gastrica, stomach washout
lemme lemme, *adv. phr.*, slowly
lente, *f.*, lens
letticiolo, *dim.* of letto, small bed
levata, getting up
lí, there; — per —, instantly
liceo, high school; grammar school
lievemente, slightly
lièvito, yeast
lingueggiare, to shoot up (of flames)
lisciare, to stroke; -si, to preen oneself
líscio, smooth
liso, threadbare
lite, *f.*, quarrel
litigare, to quarrel
litígio, quarrel
lòia, layer of grease and dirt
luccicare, to sparkle
lucèrtola, lizard
lussare, dislocate

M

macchia, spot; stain; blotch; thicket
macchinalmente, mechanically
macellaio, butcher
macina, millstone
macinino, grinder
magari, perhaps; even
magazzino, warehouse
maglia, jersey; long-sleeved vest

malanno, calamity
malconcio, damaged
maldicapo, *m. indecl.*, headache
malfermo, unsteady
malsicuro, insecure
maltrattare, to illtreat
mammella, breast
manata, slap
mancanza, lack; in — di, for want of
mancia, tip
manciata, handful
mànica, sleeve
mànico, handle
manifesto, poster
mano, hand; reach; fuori —, out of the way; man —, gradually
manovale, *m.*, labourer
mansione, *f.*, function
mansueto, gentle
mantello, -a, cloak, cape
manto, cloak
manúbrio, handlebars
marsala, *m.*, Marsala wine
maschiaccio, nasty boy
massaia, housewife
matrimoniale, matrimonial; letto —, double-bed
mattiniero, good at getting up early
mattino, early morning; fare il —, to stay up all night
matto, mad
maturare, to ripen
medàglia, medal
mediatore, *m.*, broker; agent
mento, chin
merenda, light snack; tea
mescere, to pour out

mescolanza, mixture

mescolare, to shuffle; **-si,** to mix with

mestamente, sadly

méttere, to put; **-si d'accordo,** to come to an agreement; **-si a,** to begin

mímica, mimicry

minaccia, threat

minestra, soup

miniera, mine

mirífico, *poet., joc.,* wonderful

misèria, wretchedness

mísero, wretched

misura, size

mite, mild

mòdulo, form

mògio, crestfallen

mollare, to abandon

molle, soft

monacarsi, to become a nun

mondano, *adj.,* society; fashionable

monello, urchin

monte, *adv. phr.,* **a —,** upstream

mòrbido, soft

mordace, biting

mòrdere, to bite

morosa, sweetheart; **andare a —,** to have a girl-friend

morsicato, *part. adj.,* and *n.,* bitten

mosca, fly

moto, movement

mozzicone, *m.,* cigarette end

muffa, mould

mugolare, to moan; to mumble; to whine

mulattiera, mule-track

mulino, mill; **— a vento,** windmill

município, town-hall

muràglia, high wall

muraglione, *m.,* great wall

muratore, *m.,* bricklayer

múscolo, muscle

muso, snout

mutamento, change

mutare, to change

N

nàscita, birth

nascóndere, to conceal

Natale, *m.,* Christmas

nato, *part.* of **nascere,** born; sprouted

neanche, *conj.,* not even

neonato, newborn

nichelino, small nickel coin

nodo, knot; **avere un — alla gola,** to have a lump in one's throat

noia, tedium; **dar — a,** to annoy

notízia, piece of news

nottata, night

novellina, novice

O

occhialuto, bespectacled

occhiello, small hole

occórrere, *impers.,* to be necessary

oculato, wary

òdio, hatred

odorare, to smell

odorino, slight smell

officina, factory

oltre, beyond; **— a,** as well as

oltrepassare, to go beyond

òmero, shoulder

operaio, *m.,* **-a,** *f.,* workman; worker; factory hand

opprimente, *part. adj.,* oppressive

ora, hour; **non vedere l' — di,** to long to

oràrio, *n.,* opening hours; time-table; *adj.,* hourly

organetto, barrel-organ

organico, staff

orgasmo, great agitation

orina, urine

orinare, to urinate

orlato, *part. adj.,* bordered

orlo, rim

ormai, now

orma, footprint; step

orologino, wristwatch

orto, garden

ossuto, bony

osteria, tavern; inn

ottantenne, eighty years old

ovattato, *part. adj.,* swathed

ovile, *m.,* sheep-fold

oziare, to idle

P

padrone, *m.,* master

paga, pay

pagaia, paddle

pàglia, straw

palissandre, name given to various tropical timbers used for furniture, e.g. rosewood

palmo, hand's breadth

paltò, *m.indecl.,* overcoat

palustre, marsh

panchetto, stool

pancia, belly

panettiere, *m.,* baker

panino, roll

pannòcchia, maize cob

pantano, swamp

paracarro, roadside post

paralume, *m.,* lampshade

parlottare, to murmur

parrocchiale, *adj.,* parish, parochial

parte, *n.,* *f.,* part; direction; **da —,** on one side; **mettere a —,** to inform; *adv.,* partly

partita, game; match

pàscere, to feed

passamontagna, *m.indecl.,* woollen cap; Balaclava

pàssero, sparrow

patata, potato

patto, condition; *pl.,* terms; understanding

paura, fear; **da far —,** terrible; terribly

pazzo, madman

peccato, sin

pecorella, *dim.,* little sheep

pedaliera, pedals

pelame, *m.,* coat (of animal)

pelle, *f.,* skin

pellegrinàggio, pilgrimage

pellíccia, fur

pelo, hair

pena, distress; **far — a,** to distress

pendio, slope

penna, feather; **lasciarci le —,** to die

pennello, standing dive

pensione, *f.,* pension; **in —,** retired

pentola, pot; saucepan

percalle, *m.,* cotton cambric

percorso, way
perennemente, perpetually
perfino, *adv.*, even
periferia, outskirts
perorare, to plead
persiana, window-shutter
persino, *adv.*, even
personàggio, character
personale, *m.*, staff
pertúgio, hole
pesante, heavy
pesciolino, *dim.* of **pesce,**
little fish
peso, weight
pestare, to tread on
piacevolezza, pleasantry
piaga, wound
piagnucolare, to whimper
pianeta, *m.*, planet
pianeta, chasuble
pianta, plant; tree
pianta, plan; list; — **stabile,**
permanent staff
piantare, (*colloq.*) to leave;
-si, to settle
picchiare, to knock; to beat
pidòcchio, louse
piegare, to crease; to fold
pieghévole, supple
pigliare, to take; to catch;
— **sonno,** to fall asleep
piglio, look
pigro, slow
pilone, *m.*, *aug.* of **pila,** large
pier
pineta, pine forest
piolo, strut
pioppo, poplar
piotta, hundred-lire note
(slang)
pirateggiare, to pirate

pispigliare, to whisper; to
chatter
Pitagora, Pythagoras
piuma, feather
piumino, powder-puff
pizza, savoury cake
pizzicare, to itch, to smart
pizzicotto, pinch
Platone, Plato
polline (*m.*), pollen
polmonare, of the lungs
polmonite, *f.*, pneumonia
polpa, flesh
polpaccio, calf (of the leg)
polpastrello, fleshy tip of
finger or thumb
pólvere, *f.*, dust
ponce, *m.*, punch
ponte, *m.*, bridge; — **levatoio,** drawbridge
poro, pore
portentoso, prodigious
portinaio, -a, porter, con-
cierge
portone, *m.*, main door (of
building)
potenza, power
poverello, poor man; Franciscan friar
pràtica, experience
praticare, to carry out
precipízio, headlong fall; **a
—,** in great haste
prèdica, sermon
preghiera, prayer
prègio, merit
prèmere, to press
premunirsi, to take precau-
tions
premura, haste
prendere (a), to begin (to)

preoccuparsi (di), to be worried (about)

presentazione, *f.*, introduction

pressi, *m.pl.*, vicinity

prestare, to lend; **— attenzione,** to pay attention

prestazione, *f.*, dedication

prèstito, loan; **prendere in —,** to borrow

pretèndere, to expect

pretesa, pretension

principale, *m.*, chief

privarsi (di), to deprive oneself (of)

privo, devoid

procaccia, *m.indecl.*, rural postman

procedimento, course

prodigare, to lavish

professionista, professional; *pl.*, **-i,** professional people

profezia, prophecy

profumatamente, generously

proporre, to propose

proprietàrio, owner; landowner

proroga, postponement; respite

proseguire, to continue

protrarre, to prolong

prova, test

provare, to try; to experience

provarsi, to try; to endeavour

provvista, supply

pubblicitàrio, advertising

pugno, fist; handful; **chiudere a —,** to clench (one's fists)

pulizia, cleaning

pullulío, swarming

pulverulento, covered in dust

pupilla, pupil of the eye

pusillo, humble; insignificant

pustoloso, pimply

Q

quadrato, *n.* and *adj.*, square

quadretto, *dim.* of quadro, small square; **a quadretti,** check; checkered

quartino, quarter-litre carafe

questuante, begging

questura, police station

quetarsi, to calm down

quindi, therefore

quindicina, fortnight

R

ràbbia, rage

raccapezzarsi, to make (it) out

raccoglimento, concentrated attention

raccolto, harvest

racimolare, to glean; to collect

raddoppiato, *part. adj.*, doubled

raddrizzarsi, to straighten up

radice, *f.*, root

raffigurare, to depict

raffreddarsi, to get cold

raggiare, to shine

raggiera, halo

raggomitolarsi, to curl up

ragionare, to argue; to talk

rallentare, to slow down

rame, *m.*, copper cooking vessel

rametto, twig

ramingo, wandering

rammendare, to darn; to mend

ramo, branch

rampa, flight (of stairs)

rana, frog

randagio, stray

rannicchiato, *part. adj.*, huddled

rasentare, to pass close to; to skim

raspare, to scratch

rattenere, to keep in

reatino, native of Rieti

recalcitrare, to kick

recarsi, to go; to betake oneself

règgere, to hold (up); — **il vino,** to take one's wine (without getting drunk)

rene, *m.*, *m.pl.*, **-i,** kidney; *f.pl.*, the small of the back

resístere, to hold out, to bear up

respíngere, to reject

resto, change; *adv. phr.*, del —, besides

restríngere, to tighten

rete, *f.*, net; string bag; sprung mattress

retta, straight line

riaccomodare, to repair

riaddrizzare, to straighten out

rialzo, rise

riassettare, to tidy

ribrezzo, disgust; horror

ricamare, to embroider

ricambiare, to repay (a kindness, etc.)

ricattare, to blackmail; to hold to ransom

ricciuto, curly

ricevimento, reception

ricevitore, *m.*, receiver

richiamo, call; reference

ricórrere, to have recourse to

ridacchiare, to snigger

riga, line; stripe

rigàgnolo, trickle

rigare, to score; to make lines across

rigattiere, second-hand dealer

rigónfio, baggy; swollen

rigovernare, to wash up; to groom

rimandarsi, to exchange

rimboccato, *part. adj.*, turned up

rimediare, to earn; to scrape together (money)

rimorchiare, to tow

rimpiangere, to regret

rimuginare, to turn over and over

rimandare, to postpone

rimirare, to gaze at

rincantucciarsi, to hide in a corner

rincasare, to return home

rinchiúdere, to shut door behind oneself

rincorsa, run

rinculloni, *adv.*, recoiling; pulling back

rincuorare, to encourage

ringhiare, to snarl

ringhiera, rail

rintanarsi, to re-enter a den

rintoccare, to strike, to ring

ripiegare, to bend again, to turn back

riprèndere, to catch up with

risacca, backwash

rischiarato, *part. adj.*, lighted up

riso, rice

riso, (*pl. -a, f.*), laugh

risollevare, to improve

risparmiare, to save

risplèndere, to shine

ristare, to remain

risultare, to turn out to be

risvéglio, awakening

ritàglio, clipping

ritto, erect

rivèrbero, gleam

rivestito, *part. adj.*, covered

rivòlgersi, *p.p.* rivolto, to turn

rizzarsi, to spring erect

roba, stuff; things

róndine, *f.*, swallow

ronzare, to buzz

ronzío, murmur

rosicchiare, to nibble

rosticceria, cook-shop; snack-bar

rotaia, rut; wheel-track

roteare, to roll

rovesciare, to throw back

rovescio, wrong side; reverse

rovinarsi, to be ruined

rovistare, to rummage

rubinetto, tap

ruga, wrinkle

rugiada, dew

rugoso, wrinkled

ruota, wheel

rúvido, rough

S

sacerdote, *m.*, priest

saggezza, wisdom

saggio, wise

sagrato, churchyard; square in front of church

sajo, religious habit

salita, climb

salsa, sauce

salto, leap

santòcchio, saintly man

sapiente, *m.*, scholar

sapone, *m.*, soap

sapore, *m.*, taste

sardo, Sardinian

sazio, replete

sbalordito, amazed

sbarra, bar

sbàttere, *intr.*, to bang

sbigottirsi, to be dismayed

sbilenco, crooked

sbocciare, to blossom; to begin

sbucare, to emerge

sbuffare, to puff

scalino, step

scalzo, barefoot

scambiare, to exchange; — per, to mistake for

scampanellata, ring at a door-bell

scannare, to cut the throat of; to slaughter

scantinato, cellar

scàpolo, bachelor

scappare, to flee; to run off

scappata, escapade; outing

scaricare, to unload

scarno, lean

scartare, to turn aside

scarto, swerve

scattare, to spurt; to burst out; to jump

scatto, jerk; di —, suddenly

scavalcare, to stride over

scavare, to dig out

scemo, idiot

scheda, index card

schermato, *part. adj.*, screened

schermirsi, to protect oneself; to parry

scherno, mockery

schianza, scab; stain

schiccherato, *part. adj.*, bedaubed

schiena, spine; back

schietto, frank; open-hearted

schifo, disgust; avere — di, to be disgusted by

schifoso, disgusting

schiodare, to unlock

schiudere, to open

schizzinoso, fastidious

sciàbola, sabre

sciacquío, washing

sciapo, stupid

sciarpa, scarf

scímmia, monkey

sciocchezza, nonsense; stupidity

sciocco, fool

sciògliere, to release; to loosen; -si, to melt

sciolto, *part. adj.*, loose

sciòpero, strike

sciupare, to spoil

scivolare, to slip; to slide

scoccare, to click

scolare, to drain

scolare, *m.*, pupil; schoolboy; -a school-girl

scollo, neck-opening

scolorire, to lose colour

scomparire, to disappear

scompisciarsi, to piss oneself

scomporsi, to be worried; senza —, without turning a hair

scomposto, *part. adj.*, confused

scomunicato, *part. adj.*, excommunicate

sconfinato, *part. adj.*, boundless

sconforto, discouragement

scongiurare, to implore

scopa, broom

scopare, to sweep

scoperto, open space

scopo, purpose

scoppiettare, to crackle

scòrgere, to perceive

scostare, to turn away; to turn aside

scostato, *part. adj.*, some distance away

scottato, burning

scovare, to discover

screanzato, unmannerly person

scricchiolare, to creak; to crackle

scritta, placard

scrittoio, writing-desk

scrollare, to shake off

scròscio, roaring

scuòtere, to shake; -si, to stir

sdraiarsi, to loll

seccare, to wither

sècolo, century; age; l'immortal —, the next world

sèdia, chair; — a sdraio, deckchair

seduta, seance

segare, to saw

seggiolaio, chair-maker

segnare, to note

segnarsi, to cross oneself

selva, forest; wood

selvaggio, wild

semàforo, traffic light

semmai, if at all

seno, breast

sensíbile, sensitive

sentiero, foot-path

serpentello, little snake

seròtino, late in the day

servare, to preserve

servetta, young servant

servízio, service; — a domicilio, delivery service

settentrionale, northern

sfaccendare, to be busy

sfaccendato, idle

sfarzosamente, brilliantly

sfavillare, to sparkle

sfiduciato, *part. adj.*, dis-
couraged

sfilare, *tr.*, to slip out; to slip
off; *intr.*, to file past

sfiorare, to caress

sfogarsi, to give vent to one's
feelings

sfogliare (un libro), to glance
through (a book)

sfogliarsi, to shed leaves

sfogo, outlet; relief

sfolgorante, *part. adj.*, re-
splendent

sformato, *part. adj.*, shapeless

sforzarsi, to strive

sforzo, effort

sfregare, to rub

sfuggente, receding

sfuggire, to escape

sfumare, to fade away

sfumatura, hint; trace

sgranare, to shell (peas, etc.);
— le pupille, to open one's
eyes wide

sgranchire, to stretch; -si le
gambe, to stretch one's
legs

sgraziatamente, clumsily

sgretolarsi, to crumble; to
slip away

sguazzare, to wallow

siccità, drought

siepe, *f.*, hedge

sigillarsi, to close oneself

singhiozzare, to sob

singhiozzo, sob

sinora, so far

sistemazione, *f.*, settlement

slacciare, to untie

slanciato, *part. adj.*, slender

slancio, impulse

slittare, to slide

smània, rage

smàniare, to rave; to be
delirious

smèttere, to stop

sminuzzato, *part. adj.*, cut up

smistare, to sort

smòrfia, grimace

smorzare, to turn down

sobbalzare, to give a start

sobborgo, suburb

socchiudere, to half close

soccórrere, to help

sòcio, -a, member

soffiare, to blow

sòffice, soft

soffitta, attic; garret

sogghignare, to sneer

solcare, to furrow; to wrinkle

solco, track

soldo, small coin; *pl.*, money

sollécito, eager; ready

sollecitúdine, *f.*, solicitude

solleticare, to tempt

sollevare, to lift up, to raise

sollevato, *part. adj.*, relieved

sollievo, relief

somaro, ass; donkey

sonnàmbulo, -a, sleepwalker

soppiatto, concealed; *adv. phr.*, **di —,** stealthily

sopraccíglio, *pl.* **-a,** *f.*, eyebrow

soprannome, *m.*, nickname

soprappensiero, lost in thought

sopravvenire, to arrive; to occur

sornione, surly

sorpassare, to overtake

sorso, sip

sospettoso, suspicious

sosta, pause

sostenere, to support

sottàbito, slip

sottana, cassock; skirt

sotterfúgio, subterfuge

sotterràneo, subterranean

sotto, under; this side of; before

sottrarsi (a), to withdraw (from); to escape (from)

sovrastare, to hang (over); to be high above

sozzume, *m.*, filth

sozzura, filth

spalancare, to open wide

spalletta, parapet

spalmare, to smear

spandersi, to spread

sparlare (di), to speak ill (of)

sparpagliarsi, to be scattered

spaurito, *part. adj.*, frightened

spazzacamino, chimneysweep

spazzare, to sweep

spazzino, road-sweeper; dustman

spazzolino, *dim.* of **spazzola,** small brush

spedire, to send

spègnere, to put out; to extinguish

spento, *part adj.*, lifeless

sperdersi, to be scattered

sperduto, *part. adj.*, lost

spessore, *m.*, thickness

spesso, thick

spiaccicare, to squash

spiacente, sorry

spiazzo, open space

spiccare, to stand out; **— il volo,** to take off in flight

spilungone, tall and lanky

spingere, *pp.* **spinto,** to impel; to push

spinoso, thorny

spinta, push

spirítico, spiritualistic

spiritismo, spiritualism

spogliarsi (di), to divest oneself (of)

spogliatoio, dressing-room

spolverato, brushed; dusted

sporcízia, dirtiness

sporco, dirty

spòrgersi, to lean out; to protrude

spostarsi, to shift

sprangato, *part. adj.*, bolted

spruzzare, to sprinkle

spuntare, *tr.*, to blunt; — la, to succeed; *intr.*, to appear; to peep out

spurgare, to discharge

sputare, to spit

squadra, team

squàllido, dismal

squarciagola, *adv. phr.*, a —, at the top of one's voice

squillo, ringing

squittire, to squeal

stacca, muzzle

staccare, to take off; non — lo sguardo da, not to take one's eyes off; -si, to leave

staffa, stirrup; perdere le -e, to lose one's temper

stagliare, to hack

staiata, bushelful

stampa, print

stare a, *inf.*, to wait and; — per, to be about to

starnutare, to sneeze

stàvolta, this time

stecchire, to kill outright

stèndere, to extend

stentare, to find it hard

stento, stunted

stimmate, *f.pl.*, stigmata

stipare, to crowd

stipèndio, wages

stoffa, cloth

stòrcere, to twist; — la bocca, to pull a face

storcinatello, slightly bent

stormire, to rustle

stormo, rustle

stradone, *m.*, highway

strafottente, arrogant

stralunato, *part. adj.*, staring wildly

strappare, to tear off; to tear out; to pull (out)

strappo, pull

stravízio, intemperance

stregoneria, witchcraft

stremato, *part. adj.*, exhausted

strèpito, din

stretta, grasp; — di mano, handshake

stretto, close; narrow

strillare, to scream

strillo, scream

striminzito, *part. adj.*, shrunken

stríngere, to clasp; to close; to clench

stríngersi, to huddle

striscia, strip

strizzatina, *dim.* of strizzata, wink

strofinare, to rub

stufa, stove

stufarsi, to get bored

stupidàggine, *f.*, act of stupidity

stupirsi, to be astonished

sturato, *part. adj.*, uncorked

stuzzicadenti, *m.indecl.*, tooth-pick

suadente, persuasive

subitàneo, sudden

succo, juice

sudore, *m.*, sweat

suora, nun

superfice, *f.*, surface

suppurazione, *f.*, suppuration

suscitare, to provoke

sussídio, grant

susurrare, to whisper

svelto, lively; swift
svestirsi, to undress
sviare, to change the subject
svolazzare, to flutter
svòlgere, to perform
svolta, bend

T

tacco, heel
taccuino, note-book
tafano, horsefly
tagliaboschi, *m.indecl.*, wood-cutter
tagliare, to cut off
talaltra, at other times
talento, will; **a proprio —,** at his pleasure
talora, sometimes
taluni, -e, *pl. adj.*, certain
talvolta, sometimes
tana, den
tappa, halting-place
tardare (a), to delay
tardi, *adv.*, late; **fare —,** to be, to come late; to stay out late
tarlo, woodworm
tartaruga, tortoise
taschino, pocket
tastiera, keyboard
tasto, key
tastoni, *adv. phr.*, **a —,** gropingly
tégola, roofing-tile
tela, linen
temeràrio, reckless
temporale, *m.*, storm
tèndere, *p.part.* **teso,** to hold out; to pull tight
tenere, to hold; **— a,** to care (about); **— d'occhio,** to keep an eye on

tepore, *m.*, warmth
terziàrio, -a, Tertiary; member of a Third Order
terzogènito, thirdborn
teso, alert; stretched out
testa, head; **prendere la —,** to take the lead
testardo, obstinate
tetro, gloomy
timbrare, to stamp, to postmark
timorato, respectful; **— di Dio,** God-fearing; devout
tinello, dining-room
tintinnare, to tinkle
tirare, to drag; to throw; **— in lungo,** to drag out; **— diritto,** to keep straight on
tísico, tubercular
toccare, *tr.*, to touch; *intr.*, to be the turn of
tònaca, habit
tondeggiante, roundish
tondo, round
tonsilla, tonsil
topo, rat
tòrcere, to turn (up)
tòrrido, scorching
tórsolo, core; stalk
torvo, surly; grim
tossicchiare, to cough (slightly)
tozzo, piece; **un — di pane,** a crust of bread
traccia, trace
tracollo, collapse
trafelato, out of breath
traghetto, ferryboat
traguardo, finishing line; finishing tape
trama, plot

tramontare, to set

trampolino, diving-board

tranne, except

trapunta, quilt

trarre, to heave

trascinare, to drag

trascórrere, to pass

trasferirsi, to move; to go

trasformarsi, to be changed

trasporto, rapture

trattarsi, to be a question of

trattenere, to restrain; **-si,** to stop

tratto, stretch

tratto, *adv. phr.*, **a un —,** all at once

traversa, cross-street; side-turning

travisato, *part. adj.*, distorted

trepidare, to tremble

trèpido, anxious

tridimensionale, three-dimensional

trina, lace

tromba, horn

trovata, discovery; bright idea

truce, cruel; savage

truffato, *part. adj.*, cheated

tuffarsi, to dive; to plunge

tuffo, dive; **— a angelo,** running dive

turba, mob

turbamento, uneasiness

turco, Turkish; **alla -a,** cross-legged

tuta, overalls

U

ubbriacchezza, drunkenness

ubriacarsi, to get drunk

udito, hearing

úngere, to smear

únghia, nail

unto, *part. adj.*, greasy; dirty

untume, *m.*, filth

urlare, to shriek

urtato, *part. adj.*, shocked

usare, to be accustomed to

V

vacchetta, cowhide

vagheggiare, to covet

valígia, suit-case; **fare la —,** to pack

valle, *f.*, *adv. phr.*, **a —,** down-stream

vano, opening

vecchiaia, old age

védovo, widower

veggente, *m.*, seer

veglia, vigil

vegliare, to keep watch

vela, sail; **a gonfie -a,** pros-perously

veleno, poison

veletta, *dim.* of **velo,** hat-veil

vellicamento, pinching; tickling

vellutato, *part. adj.*, velvety

velluto, velvet

vendemmia, grape-harvest

Venere, *f.*, Venus

ventata, gust of wind

ventre, *m.*, belly

verdastro, greenish

vergognarsi, to be ashamed

verme, *m.*, worm

vernice, *f.*, varnish; **scarpe di —,** patent leather shoes

verniciato, *part. adj.*, painted

versante, *m.*, slope

vèspero, evening

vestàglia, dressing-gown; house-coat

veterinàrio, veterinary surgeon

vetraio, glazier

viale, *m.*, avenue

vicàrio, deputy; representative

vicenda, adventure

vícolo, alley

vietare, to forbid

vigile, *m.*, policeman

vilipeso, *part. adj.*, scorned

villania, crudity

vímini, *m.pl.*, wicker

vinto, beaten; **darsi per —,** to admit defeat; to give up

viòttolo, footpath

víscido, clammy

vispo, lively

vita, waist

viuzza, alley

vivo, alive; **farsi —,** to put in an appearance

voce, *f.*, voice; rumour; shout

vociare, *m.*, loud talking

vociferazione, *f.*, clamour

vòglia, wish; desire; **levare la —,** to satisfy the desire

voglioso, longing

volata, sprint (cycle-racing)

vòlgere, to turn

volo, flight; **al —,** immediately

volta, 1. time; turn; **di una —,** former. 2. roof

voltarsi, to turn round

volubilità, changeability

voluttà, pleasure

voto, vow

vulcànico, volcanic

Z

zampa, paw

zappettare, to hoe

zíngaro, gypsy

zitella, spinster

zitto, quiet

zòccolo, hoof

zolfanello, large match

zolla, clod; turf

zuppo, soaked